라마누잔의 별 헤는 밤

시와과학 Poetry& Science

라마누잔의 별 헤는 밤

이시경 시집

■ 시인의 말 1

수식들아, 나는

너와 함께 태어났고
너와 함께 뒹굴었고
너와 함께 놀았고
너로 인해 과학을 배울 수 있었고
너로 인해 직장을 얻을 수 있었고
너로 인해 강의를 할 수 있었고
너로 인해 깊이 고뇌할 수 있었고
너로 인해 시인이 될 수 있었고
너에 대해서 조금 알게 되었으나
너에 대해서 여전히 모른 채

오직 용기와 열정을 먹물 삼아
시를 써서 너에게 바친다

■ 시인의 말 2

수학자에게는 수식이 (삶이고) 시이다
수식은 그의 은유, 상징, 압축과 이미지

여기 세상을 지배하는 오십 개의 수식들이 있다
나는 너희 하나하나를 호명하면서 너를 노래한다

네 속에 담긴 것들이 엄청 방대하여
한 점만 급히 붓질하고 떠나니 (용서하시고)
젊은 시인들을 부르시라

시절이 무르익으면 그들이 찾아와
자기공명 영상으로 생체를 샅샅이 훑듯이
너의 뺏속과 속살을 들여다볼 것이다

* 본문에서 페이지가 바뀌며 연 구분 공간이 있을 때에는 〈 표기를 합니다.
* 수식이나 과학적인 개념이 어렵다고 생각되면, 독자들은 시편에 있는 미주를 무시하고 읽어도 무방합니다. 미주는 시를 깊이 이해하기를 원하는 사람들을 위해서 참고로 남겨 놓았습니다.

■ 차 례

제1부

별처럼 빛나는 물리 수학

제2부

꽃보다 아름다운 순수 수학

제3부

세상을 움직이는 공학 수학

제4부

세상 속 수학 · 과학 이야기

제1부

별처럼 빛나는 물리 수학

아인슈타인의 중력 방정식

1

속도는 점점 빨라지고
질량은 점점 거대해지고
우주 속 인간의 눈이 점점 더 밝아지면서부터
뉴턴 이야기에도 흠이 보이기 시작했다

영감의 우주선을 타고 시공을 훨훨 날다가
아인슈타인은 걸출한 문장을 세상에 내놓기 위해
수직으로 가속하는 상자에 갇히기도 하고
회전판 위에서 시간을 재기도 했다

'빛은 태양을 스칠 때 구부러지고
회전 원판 주변은 중앙보다 시계가 천천히 가고
원판의 원주 길이는 수축하고'

그의 상상력은 시공간을 이리저리 뛰어다녔다

2

'추락하는 상자 속이 무중력이 되고
시공간이 중력으로 휘어지고 시간은 느려지고'

이것은 대서사시의 핵연료

어서 해 보라고 신이 손짓했으나
한 줄로 압축하는데 아인슈타인은 10년을 절망했다

좌변은 시공간 곡면의 뒤틀림
우변은 중력의 원천

캠퍼스를 거닐며 쏟아냈던 한숨들
숱한 수식들이 노트 속에서 잊힐 무렵
수학자 그로스만은 분명히 천사였다

마침내 텐서와 리만 기하학까지 동원하여
아인슈타인은 그의 방정식[1])을 마무리하였으니

이것이 아인슈타인이 뉴턴의 흠결을 지우고
대스타를 탄생시킨 순간이었다

이상한 나라 – 맥스웰 방정식

1

만질 수도 볼 수도 없는 아이들
털가죽으로 호박을 문지르면 튀어나와 번개를 친다
그들에게서 신비한 氣運이 사방으로 분출하여 바다를 이룬다

이성 간에는 끌리고 동성끼리는 으르렁댄다

2

그 나라에는 두 개의 이상한 바다가 있다

아이들은 서 있거나 달리며 바다와 놀이를 한다
아이들이 멈추자 氣가 발산하여 바다 A가 생겨나고
도선 위로 달리자 소용돌이 바다 B가 만들어진다

어쩌다 한 아이가 바다에 빠져 허우적대면
바다는 즉시 손을 내밀어 그에게 원기를 돋운다

3

일찍이 선지자들이 나타나 한 나라를 예언했다

그 바다의 나라에도 법칙이 있으니
아이들은 바다의 규칙에 따라 고통을 받을 것이고[2)]
그들의 숫자가 많을수록 고밀도 바다 A를 이룰 것이나[3)]
회오리 바다 B에 직접 간섭하는 별난 아이는 아직 없고[4)]

시간에 따라 날갯짓을 반복하는 바다가 있으니
한 바다는 다른 바다를 회전시킬 것이다[5)]

4

맥스웰이 선지자의 언어들을 축약하여 노래한다

두 날개를 펄럭이며 날아가는 새가 있다네

한 날개는 전기장이고
다른 한 날개는 자기장이라고 부른다네
새는 날개를 오므렸다 폈다를 반복하면서 날아간다네
빛도 엑스레이도 라디오파도 새라네

투명 날개를 달고 지구 곳곳을 누비며
오늘도 사랑의 편지를 전한다네

이 밤도 새의 부리로 우주 천체를 더듬는다네

출생의 비밀 - 슈뢰딩거 방정식

과학자에게 방정식은 삶이고 시이다

하나의 식을 위해 평생을 바친다

미술가는 화필로 은하 열차에 오르고

시인은 시 언어로 n차원 공간을 날아다닌다

어느 한적한 크리스마스 연휴, 밤이 되자

하늘에 총총히 박힌 별들의 속삭임이 산장 위로 하얗게 내린다

그것은 파도의 노래

$\Psi = e^{i(kx - wt)}$

$\Psi = e^{i(kx - wt)}$

$\Psi = e^{i(kx - wt)}$

그가 시상에 빠져 잠시 허우적거리자

아인슈타인이 명시 한 편[6]을 들고 나타나고, 드브로

이도 근작시[7]를 낭송하면서 끼어든다. 파동시도 입자시도 좋으니 신작시를 보여 달라고 조른다. 찬찬히 명시들을 음미하면서 몇 자 차용하다 보니 밤이 익는다. 드디어 버려진 종이들이 휴지통에 수북할 때쯤 아이의 모습[8]이 드러났다

너는 허름한 산장 구석에서 사생아처럼 태어났으나
미지의 물질 속을 더듬는 나노 탐침처럼 양자 바다를 항해하는 나침판이니

누구와 함께 놀러 가 널 낳았는지는 중요치 않다
너는 분명 불멸의 명시임이 틀림없으니까

우아한 여정 – 케플러의 운동 법칙

달아나려고 발버둥칠 때마다 끌어당기는 까닭은
철따라 철쭉 라일락 코스모스를 번갈아 피우기 위함인가요?

숨막히는 줄다리기 속에서의 타협은
우주에서 가장 아름다운 타원이라는 여정

세상엔 크고 작은 타원들이 탄생과 소멸을 반복합니다
긴장이 있는 곳마다 달과 지구와 태양이 있고
타원 궤도[9)]가 무수히 생겨납니다
내 안의 소행성과 그 주변 위성 사이에도
우리들의 가정과 직장에도
갑과 을 사이에도

나는 타원을 따라 당신 주위를 도는 행성
나를 품은 당신도 더 큰 타원을 따라 운행하는 행성

우리가 잠시도 멈출 수 없는 것은

안팎으로 우리 주위를 도는 뭇 행성들 탓입니다

찌그러진 궤도 위에서
초점에 근접하면 호흡이 빨라지고 멀어지면 느려지는 것은
당신이 항상 초점에 있기 때문입니다

태아가 산모의 뱃속에서 열 달씩 머무는 것도
타원 운동을 미리 연습하기 위함인가요?

뉴턴의 중력 법칙

흑사병은 그의 뛰어난 스승

그를 케임브리지에서 시골로 내쫓아
밤에는 하늘에 박힌 별들의 움직임을 쫓게 했고
낮에는 풀밭에 누워 사과나무의 비밀을 엿듣거나
골방에 외톨이로 처박혀 빛과 씨름하게 했다

다년간의 사색 끝에 뉴턴은 방정식의 사냥꾼이 되었다

그는 수학자이며 방정식의 신봉자
그의 상상이 미치는 곳마다 수식들이 꿈틀거렸다

갈릴레오는 중력의 존재를 귀띔해 주었고
그것을 찾아 우주망 닮은 머릿속을 헤집다가
마침내 뉴턴이 사냥한 수식[10]은 케플러를 뛰어넘어
천체의 움직임을 추적하고
미지의 행성이나 별을 찾는 스타가 되었다
남북이 홀연히 정상 궤도를 벗어나 휘청거리고

사춘기 소년이 버럭 화를 내고 난리를 치는 것도
주변에 혹성이 갑자기 출현한 탓

철새들이 바빠지는 계절
사방에서 투명한 대왕문어들이 잡아당기는데
나라의 안위가 안개 속이다

파동 방정식

고요는 잡식성, 고통도 슬픔도 모두 삼켜버린다

새끼들이 고요를 찢고 하나둘 깨어나더니
모닝 커피잔의 잔물결을 따라 흥얼흥얼 춤을 춘다

오카리나의 자궁 속은 태풍의 핵
초박막 아이들이 초조와 흥분을 숨기고
부르자마자 튀어나와 경주마처럼 달음질한다

가을 낙엽송 가지 끝에도 전쟁터 한복판에도
어디나 크고 작은 별별 모양의 폐공간이 있다
그들은 온갖 색깔과 자태로 떨다가
기회를 타서 탈출하여 사방으로 쏜살같이 흩어진다
무엇에든 부딪쳐도 틈만 있으면 에돌이하고
서로 간섭하는 것은 그들의 습성

외풍이 나뭇가지의 운동 궤적 변화와 협상하다가
너는 태어났고, 낙엽의 추락 속도는 덤이다

〈

너는 원자, 절대영도 근처의 고독 속에서도 사랑을 하고
빛을 먹고 자란 어둠의 자리마다 새끼들이 깨어나고
별도 은하도 너에게서 나왔고

달빛도 생명체들의 아우성도 너의 새끼들
너는 그들의 자궁이고 무덤
너는 파동의 어미[11]

불확정성의 원리 – 바벨탑

우주에서 보면 나는 쿼크
붙박이별처럼 한 곳만을 고집해온 삶이지만
녹색에서 빨강까지 색깔이 흔들리고
시계의 작은 눈금에 눈이 갈수록 심하게 흔들린다

밤낮으로 그녀의 류머티즘 통증이 이어진다
그녀의 부르짖음은 가을을 더욱 붉게 물들이고
오늘도 자책하며 이브와 함께 지구호를 타고 날아간다
그녀의 음식은 항상 맛있고 나는 무능하나
묵묵히 동행한 수십 년의 세월
하선을 원하는 횟수가 요즘 늘어난 것은
그녀의 통증이 거세졌기 때문이다

얼마나 더 이브와 같이 항해할 수 있을지 떨린다

지금의 위치와 운행 속도를 알려고
수학, 과학, 상식 등 헛된 것들을 동원해서
그들에게 접근하면 할수록 더 빠르게 달아나고

아무리 들여다봐도 나의 원추세포가 흔들리는 것은
무엇 때문인가요, 당신의 뜻[12]입니까?

당신의 음성이 초냉각 가스의 분광선같이 선명하고
호통의 충격이 낙뢰처럼 짧고 강력한 것은
어디나 항상 당신이 있기 때문인가요?

카오스 – 망델브로 집합

왜 세상이 활활 타오르는지 알 듯합니다

우리는 실수와 허수로 이루어진 우주 위의 한 점
숱한 점들이 회오리 속에서 반복될 때 모습이 드러납니다

끝없이 나타나는 징후들
당신의 몸이 온통 전갈의 꼬리로 뒤덮여 회오리치고
여기저기 무진장 많은 뱀이 똬리를 튼 채 혀를 날름거리고
낚싯바늘 같은 당신의 손이 빈 곳을 찾아
번득이는 것은 무엇 때문입니까?

아이들의 잘못이 순전히 우리 탓인 것은
어느 부분을 확대해도 비슷한 양태가 반복되는 까닭입니다

당신은 우리의 속성을 수식[13] 속에 숨겼습니다
우리 아버지의 아버지들이 이곳에 남긴 숱한 점들
그 속에 있는 불꽃과 가시 돋친 절규들이

자녀들에게 거듭 나타나는 것은 무슨 은유입니까

저 몰려오는 먹구름 속에는 또 어떤 상징이 숨겨져 있습니까

뭇사람들이 각 처소에서 소용돌이치는 것은
우리 몸속에 바이러스의 빨판이 있기 때문인가요?

사랑 – 질량 에너지 등가 원리

지구는 말기 핵분열 중이다

뱁새 새끼들이 둥지에서 밀려나듯이
눈먼 자들의 아이들은 가정에서 도태되고
어른들은 아이들 방임에 대해 서로를 탓하면서
뻐꾸기처럼 탁란의 둥지를 모색한다

투과 전자현미경으로 찾아도 숨어 있다가
양심의 탐침으로 훑으면 드러나는 원소들이 있다
탐욕, 미움, 희망, 인애, 사랑

남자가 떠나간다고 여자가 아이를 죽이고
여자가 떠나간다고 자식을 살해함은 어느 원소 탓일까
인간의 속은 라듐이나 우라늄처럼 불안하여
시시때때로 소망에서 증오로 분열한다

지금 곳곳에서 핵분열이 유행이다
탐욕 1그램이 분열할 때마다 국가가 초토화되고

미움 1젭토그램[14]이 붕괴할 때마다 가정이 파괴된다

아내와 남편 사이는 유빙 전의 빙하
아비와 자식 사이의 이음새는 썩은 동아줄
다시 묶어보려고 에너지를 가늠해 본다

콩가루 한 가정 응집시키려면 사랑, 몇 그램이 필요할까?
1욕토그램[15]의 에너지[16]가 세상을 바꿀 수 있을까?
아비들의 뜨거워지는 눈물에서 답을 찾는다

푸앵카레 구 위의 한 점

코사인과 사인이 춤추듯이
번갈아 널뛰기하는 큰 마당이 삶이다

하나가 상승하면 다른 하나는 하강하고
하나가 곤두질하면 다른 하나는 솟아오르고

코사인과 사인 파동을 끝없이 중첩시키면 너의 모습이 나오고
너와 나를 섞어 겹겹이 놓으면 우리 아이들 얼굴이 보인다

나는 푸앵카레 구[17] 위 무수한 점 중 하나
나를 함부로 좌나 우로 말하지 마라
나는 우주에 빼곡히 떠 있는 별 중 하나
북극성도 남극성도 아니다

숱한 별들이 너를 돌고 있는 것을 아는가
살금살금 허나 다채로이 좌와 우가 만나 깜박거린다
〈

너의 삶 속에 슬픔이 있어 풀 죽는가
기뻐하라, 슬픔이 클수록 화창한 봄날이 널 기다릴 것이니
슬픔으로 삶이 완성될 것이니

너에게 좌뇌가 있고 우뇌가 있듯이
너에게 왼손과 오른손이 있듯이
너에게 코사인과 사인이 있으니

너는 이미 꽃기린이다

소년과 할머니 - 뉴턴의 제3법칙

할머니는 뛰어난 물리학자
어린 나이에 종손 며느리가 되셨다

바람은 수시로 이리저리 불어왔고
소년은 자연에 순응하는 어린 소나무

일어나라, 누가 말하면 도로 누웠고
밥 먹어라, 거듭 재촉하면 절대 먹지 않았다
배고파도 먹지 않는다고 버틸 때마다
할머니는 밥상 위에 계란 하나 놓고 가셨다

안 먹는다고 오기를 부리다가도
어둠에 잠긴 호수같이 주변이 고요해지면
소년은 밥에다가 계란을 넣고
도둑괭이처럼 살금살금 간장으로 비벼 먹었다

이것이 할머니의 해법
삼대독자 지아비와 외아들을 데리고

모진 세월을 눈물로 풀어내다가
마침내 터득한 작용과 반작용의 법칙[18)]

젊은 어머니는 이해할 수 없었다

만무방 – 스테판 볼츠만 법칙

무엇이 이토록 뇌관처럼 위험하단 말인가

그냥 비례하는 것도 아니고
제곱에 비례하는 것도 아니고
세제곱에 비례하는 정도를 뛰어넘어
네제곱에 비례하다니

뼛속까지 시린 겨울 외딴 오두막집이었지
전쟁 속에서 죽을 목숨 숨어든 사내
장작 대신 몸을 태워 며칠 밤은 건널 수 있었지
허나 불덩이가 그에게 붙어 요술을 부렸어
그의 목숨을 빼앗고 초가를 태운 것은
젊은 몸에서 분출하는 과욕의 불덩어리
온도 네제곱에 비례하는 복사열[19)]

몸뚱이는 잘 다스리면 화로
서로 마음으로 의지하면 혹한도 물러가나

조금만 과해도 용광로처럼
모두를 녹여 버린다

은빛 사슴

환상이 내지르는 잠꼬대에
부스스 눈을 뜬 뇌세포들이 치어들을 몰아내더니

너를 가두려고 그물을 던진다

정방형 격자점에 서 있는 나무를 향해
사슴들이 뿔을 디밀며 들이받을 듯 내달린다
속도의 제곱에 비례하여
포물선을 그리며 에너지가 치솟는다
점점 더 속도가 질주하다가
아무도 없는 금지의 땅에 발을 들여놓는 순간
두 갈래 길이 나타나고

나무를 하나 지날 때마다
분신이 하나씩 나와서 반대 방향으로 달린다
첫 번째 나무에서 사슴이 튕겨 나와 반대로 달린다
두 번째 나무에서 사슴이 튕겨 나와 반대로 달린다
통통 뛰며 달리는 분신들이

어느 순간 포개지면서 두 개의 사슴 무리로 진화한다
사슴 한 무리는 절벽 위에
다른 한 무리는 절벽 아래에 모여 있는가 싶더니
경기장에 있는 관중들처럼 한 자리씩 차지한 채
물결무늬의 계단 위를 층층이 둘러본다

구불구불 이어져 있는 뇌의 굴곡
무리들의 동산은 장벽으로 둘러싸이고
하나의 절벽이 끝나면 다른 절벽이 기다리지만
사슴은 더 높은 곳을 향하는 뿔의 본성에 이끌려
장벽을 뛰어넘으려고 웅크리고 있다
끝없이 너른 들판을 꿈꾸며

제2부

꽃보다 아름다운 순수 수학

라마누잔의 별 헤는 밤

태초부터 별들은 하늘 위를 총총히 운행하였고
천체를 더듬은 이들은 양치기부터 주술사까지 다양했으나
우주를 움직이는 수많은 톱니바퀴와
별의 숫자들 앞에서 잠잠하다가

한 초인이 신성처럼 나타나
그것들을 갈무리하여 마법의 화폭[1] 속에 넣었더라

그는 별과 지구의 원주율의 신비로움에 매료되어
설원 평야에 영부터 무한대까지 하나하나의 숫자를 펼치고
그것들을 순서대로 곱하고 나누고 더하느라고
별 헤는 밤은 흥분되고 잠을 이룰 수가 없었더라

지구와 별 사이가 숫자들로 채워지면서 윤곽이 하나 둘 드러나니
그의 마술에 놀라 모두들 입을 다물지 못하더라
〈

바짝 웅크린 채 노려보는 영물의 그림 속에는
후배 탐험가들을 위해 비밀을 여백에 조금 숨겨놓았으니
그보다 완벽할 수는 없더라

이 밤도 잠 못 이루며 나 홀로 별을 헤는 것은
어느 수학자처럼 별이 빛나는 밤을 그리려 함이라

이상한 끌개 – 카오스

무질서로 기묘히 위장한 당신은 우주의 꽃입니까?

수많은 점들이 모여 곡선이 되고 곡선이 무리 지어 이중 나선의 춤을 춥니다. 태초에 암흑 속에서 빛이 태동할 때처럼 회오리들이 사방에서 소용돌이칩니다. 숱한 변수와 숫자는 그들의 빵과 우유입니까

그것은 제 탓이 아닙니다. 자세히 보면 모두가 회오리 속 회오리, 회오리들로 넘치고 있습니다. 그 짓은 한철의 일, 다시 반복되지는 않겠지만 홀연히 나타날까 봐 꿈자리가 비주기적으로 사납습니다. 이제 당신의 궤적과 만나지 않는다는 것은 다행입니다. 이 밤도 초조한 것은 캄캄한 밤하늘에 불쑥 나타났다 사라지는 별똥별의 무작위적 질서가 당신의 속성이기 때문입니다

미로 찾기 로봇처럼 태풍이 갑자기 진로를 바꾸고, 해일이 까닭 없이 마을 전체를 삼키며 청정 하늘에 날벼락 치는 것은 누구 탓입니까

〈

갑과 을이나 좌와 우 사이의 다툼에 무뎌진 개체들에게
이곳은 어느 거대한 소용돌이 속, 작은 소용돌이의 초입입니까
어느 양자 회오리의 배꼽에서 먼 변방입니까

제곱근 2

너는 피타고라스 왕국에서 태어났으나

치명적 예지력 탓에 이단자라고 쫓겨났다. 허나 미친 수들의 반란으로 피타고라스 신전이 무너지자 그곳에 신제국을 세우고, 너는 제국의 출발지가 되었다. 신제국에는 두 개의 기초석이 있으니

제1계명은 '너 자신을 알라'

제2계명은 '너를 찾을 때까지 순례를 떠나라'

너는 자신을 알려고 1과 2 사이에서 끝없이 달린다[2)]

날마다 들떠 있구나. 너를 찾아가는 날갯짓은 기러기 떼가 줄지어 석양 속으로 날아가는 모습. 제국은 '하나'와 '둘'의 복합 구조물. 지하로 내려가는 계단은 모두 '둘', 지하층마다 기둥은 모두 '하나'로 지어졌다. 저 끝없이 이어지는 제국의 계단을 보라. 그 위엄과 깊이를 보라. 지하에 비치된 고서, 첫 페이지는 '황희가 사직하고 … 하윤을 논죄하다'로 시작하는데 그 분량

은 은하를 지나 우주 끝에 닿고 속살은 인간의 희로애
락으로 분분하다

페르마의 최고봉

안경을 끼고 바라보니 아득하다
반쯤 눈을 감으니 정상이 코앞에 우뚝 서 있다

그의 취미는 미답 산봉우리 오르내리기
초등 후에 등정기 절대 남기지 않기

어느 날 최고봉을 등정한 후 1행시[3]를 남겼다
이번에도 수학자 페르마가 등정 루트를 밝히지 않아
천재들의 도전은 번번이 눈사태로 묻혀버리다가
마지막 불가해가 350년 뒤에 풀렸으니

누구를 위한 등정이고
무엇을 위한 등정이고
왜 무산소 등정을 하고
왜 겨울에 암벽을 타야 하는지
왜 돌덩이를 가득 짊어지고 설벽을 타야 하는지
왜 하필 n이 3 이상이어야 하는지
왜 고산에서 더 더 더 길을 잃고

산화해야 하는지

혹독한 겨울 북벽 앞에 서면
수학자도 등반가도 시인들도
모두 다 안다

황금비

너는 우주에서 가장 아름다운 조각가
네모난 세상 안에서 만물을 바라보는 눈이 빛난다

너는 완벽주의자
하나를 놓고도 끝없이 나누고 더하면서
달팽이에서 나선 은하에 이르기까지
우리 몸과 영혼 구석구석의 조각들을 완성한다

너는 마술사, 너의 눈으로 바라보면 자녀들은 모두 샛별, 아내의 얼굴은 모나리자의 미소. 하얗게 꽃이 핀 늙은이를 바라보면서 "아, 황금비는 마음속에 있지"라고 되뇐다. 나의 황금비[4]를 더듬거리다가 좌뇌와 너무 가깝다고 우뇌에 들키고 만다

너 신의 손아
내가 너무 이성적이거나
내가 너무 감성적이거나
내가 너무 세상적이거나

내 심장이 너무 차갑거나
내가 한쪽에 너무 치우칠 때
너의 황금자로 날 빚어다오
별처럼 빛나는 다비드로

뫼비우스의 띠

집값은 지칠 줄 모르고 치솟고
근심은 암 덩어리처럼 부풀어 오르고

땅만 보고 달리는 청년 개미들에게
앞만 보고 내달리는 다람쥐 넥타이족에게
세상은 온통 뫼비우스 띠[5]
모든 판이 완전히 뒤틀려 있다

끝없이 이어지는 세상살이 갈수록 시리다
밤낮으로 달리는 모범생 흙수저들은 제자리이고
누구는 스포츠카가 빠르다고 히죽거리고

세상 물정 모른 채 꼰대질하다가
수학과 철학은 지하 감옥에 갇히고
도덕과 규범은 야수 같은 사내들에게 끌려가면서
귀 있는 자들은 들으라고 고래고래 소리친다
〈

八字라고 비관하지 말라고
무한대 늪에 빠지지 말고 좀 더 기다리라고
머잖아 바닥이 꼭대기가 된다고 소리친다

전설의 초월수

어찌하여 아슬아슬하게 사람 되지 못하고
귀신이 되어 세상에 떠돌면서 무고한 사람들을 홀리느냐

무슨 연유로 정수가 되지 못하고
그 문턱에서 미끄러져 수학자들의 마당에서 전설로 떠도느냐

너는 날아갈 듯 요상한 것들을 주렁주렁 매달고
산비둘기 소리를 내며 춤추는구나
가난한 라마누잔[6]의 몸속에서 크고 있다가
꽃 피는 봄날에 현세에 나왔구나

꾀돌이 기묘수야, 어찌 나타났느냐
그의 목숨값으로 태어났느냐
신으로부터의 영감으로 왔느냐
그의 통찰력이었느냐
미래의 에이아이가 귀띔한 것이더냐
〈

알쏭달쏭하고 불가사의한 너의 모습을 보고 묻는다
사명이 무엇이냐고

하트 방정식 – 아들에게

혼자서는 붉은 하트 그릴 수 없다

그녀와 손잡아야 시야를 가리는 전쟁터 포연 속에서도 하트를 그릴 수 있다. 어느 화창한 날 평탄한 고속도로가 불쑥 네 앞에 나타나 과속하게 되면 그녀는 브레이크가 되고, 그녀가 슬픔의 늪 속에서 허우적대면 너는 튼실한 동아줄이 될 것이다

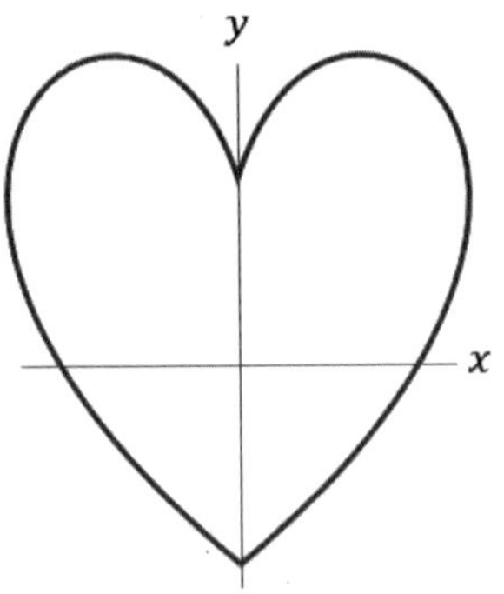

너는 걸핏하면 너를 제곱하는 변덕쟁이, 그녀는 시시때때로 세제곱하는 변덕쟁이의 여왕, 사랑의 궤적[7]을 남기려거든 누구나 인내의 달인이 되어야 한다. 너는 제곱,

그녀는 세제곱, 일탈의 상념을 누르고 조심조심 사랑으로 그려야 한다

환희의 순간이 찾아오더라도 한 발 뒤로 물러서면서

오일러의 꽃

i, 너는 허깨비 탈을 쓴 아이, 만나는 시인마다 길을 잃게 하는 아이, 태생이 방정식이고 사명은 數나라의 영토 확장, 너 없이는 파동조차 그릴 수 없다. 너로 인해 문명이 풍요로워졌고 지상에서 가장 아름다운 꽃[8]이 필 수 있었다.

π, 너는 숨어서 사람을 희롱하는 꾀돌이, 너는 무수히 나누어진 파이 조각, 하나씩 가감할 때마다 더 근접하지만 끝내 점령할 수 없는 땅, 너는 삼각함수의 단골 메뉴, 수시로 컴퓨터의 성능을 테스트하며 미소 짓는다.

e, 너는 數나라의 기둥, 아무리 미분해도 불변이다. 너는 무엇 때문에 아래만을 고집하였느냐, 1과 연합하여 數나라를 통일하고 0이 되려 하였느냐, 수백 년을 들여다봐도 알 길 없는 너.

〈

한 알의 씨앗에서 싹이 나오고, 스마트폰이 켜지고 자동차가 달리고, 모두 하나가 되어 불멸의 꽃이 되었다.

사춘기 – 카오스

로렌츠가 어제도 너를 질기게 따라다니며 주절거렸다
첫걸음을 주의하라고

구름 속 빙벽 꼭대기에서
산 정상을 더듬다가 잡히는 것이 있었다
그냥 거기에 둘 수도 있었지만 넌 망설임 없이 내던졌다
누군가 얼음 칼에 베이고 피 냄새가 번지기 시작했다

너는 피어오르기 전의 태풍의 눈, 종종 오솔길을 걷다가 낯선 돌멩이 하나를 만났다. 네가 돌에게 다가간 것이 아니고 그 돌이 널 기다리고 있었던 거다. 너는 돌에게 사연도 묻지 않고 그냥 차버렸다. 그 돌은 멀리 날아갔고 그때마다 누가 퍽 쓰러졌다. 넌 퉁퉁 부은 발을 나무라며 그날 밤, 잠을 청할 수가 없었다. 너는 멈출 수도 있고 돌부리를 우회할 수도 있었지만 그럴 수는 없었다

너는 나에게 얼음이 빙산이 되었다고 고백한다
나도 너에게 돌멩이가 달덩이라고 위로한다

〈

실바람에 날리는 티끌에도 부르르 떨다가
누가 상할까 봐 손톱을 물어뜯던 시절이 있었다
자칫 아파트에서 뛰어내릴 것 같고
걸핏하면 차 안에 연탄불을 피울 기세였다가
언제 사하라에 눈이 또 내릴지 모르는
까칠까칠한 한때가 지나가고 있다[9]

파이의 사등분

오래된 글자를 읽다가 심장 소리를 듣는다

소리를 파헤치려고 초음파 현미경으로 샅샅이 더듬다가
명왕성 뒷면 빙하 계곡까지 갔다
온 우주가 그의 음성으로 가득함을 깨닫고 다시 문장을 펼친다

그는 파이를 사등분하려고 태어났다
그 심장 속 문장을 라이프니츠는 한 줄의 시[10)]로 압축했다
시작은 미미하나 끝이 우주 너머로 이어지는
끝없이 펼쳐지는 이야기
더하고 빼고 나누고
수녀는 한센인에게 삶을 바쳤다
아 소록도, 뻐꾸기는 한쪽을 물고 가고
멧비둘기는 작은 한쪽을 도로 물어다 놓고

이슬방울의 날개를 보았는가

그 속에서 바삐 움직이는 손들을 보았는가
  그를 위해서
    당신이 있고
      아픔이 있고
        핵력이 있고 힘 힘 힘들이 있다

이 행성에서 혼자라고 생각하는 것은 얼마나 슬픈 일인가
나눌 줄 아는 이들은 얼마나 행복할까

알파에 대한 경고 – 지수함수

A제국 전투기가 영공을 침입하더니
그제는 B제국 정찰기가 독도를 누비고
어제는 C제국이 반도체 업체에 포를 퍼붓고
오늘 북에서 기습 핵 펀치 몇 발을 날린다

디 디 디데이

우물 안의 고래들은 개골개골
외래 어종들은 디데이가 가깝다며 날뛰고
출처 없는 독화살 맞은 살덩이같이 시퍼렇게 번진다

소문, 음해, 술수들이 불안한 회로에서 피드백 없이 횡설수설 끝없이 증폭되고, 코브라 독니처럼 치명적 계략은 디데이 이후에나 밝혀지리니, 주의하라, 카멜레온과 검은 암세포 덩어리들을

프로들이 알파고와 씨름하듯이
프로그램을 돌려도 불안의 폭dy은 점점 더 이글거리고
구름을 뚫고 한 선지자가 펼쳐 보인 예언서[11],

$dy/dt = \alpha y$

북이 발끈하면 알파는 핵 냄새를 풍기며 활활거린다
그는 변덕쟁이, 숱한 변수와 까달스런 파라미터 뭉치

알파를 음수로 묶어 둘 수는 없을까?
벌컥거리는 그를 달래며 이 밤도
조심조심 건넌다

바벨의 땅

아우성이 하늘을 찌르더라

하나가 셋으로 나뉘고
그중 하나가 셋으로 나뉘고
그중 하나가 거듭 셋으로 나뉘고
그중 하나가 거듭거듭 셋으로 나뉘고 나뉘고 나뉘고
이렇게 나뉜 조각들이 모인 곳이 지구 위 반점[12]이라니

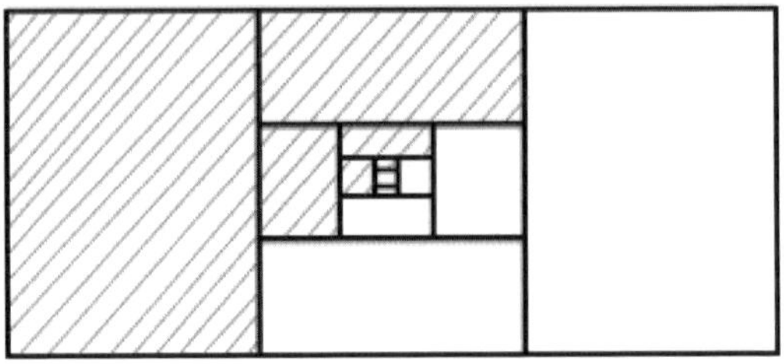

형제도 나뉘고 마음도 나뉘고
이념도 셋으로 나뉘고 좌로 우로 중도로
시인도 나뉘고 양심도 나뉘고
시인들의 펜촉 방향도 흔들리고

제3부

세상을 움직이는 공학 수학

황금어장 지도 – 블랙 숄스 방정식

고기들이 숫자를 달고 무작위로 브라운 운동을 한다

정어리 떼가 상어를 피해 불규칙하게 운동하듯이
화폐들이 혼돈의 바닷속에서 이리저리 몰려다니고 있다

어부들이 황금어장을 찾다가 조난 신호를 보낸다

저명한 경제학자들이 황금어장 지도[1]를 그린다

권력자들은 그 지도를 엿보면서 천국을 유람하고
거부들은 값비싼 것으로 어장 관리에 바쁘다

조류와 어류의 흐름에 따라 방정식이 빠르게 진화한다

프로그램의 위력은 태풍을 뚫고 하늘로 치솟는다

부는 부를 가속시키며 사차원의 벽을 쌓고

하류층은 온종일 맨손으로 빈 낚시만 낚아 올리는데

태풍 속 고요는 폭발 직전의 핵이다

바이러스 – 아담의 후예들

미쳐 날뛰는 승냥이처럼 마구 물었다
감염자 증가 추세는 인간의 탐욕을 닮았다

초여름, 백로 한 쌍 호수 위로 눈송이같이 내려앉는 날

감염자 수와 인간의 탐욕 사이에서 서성이다가
어느 수학자의 시 한 편[2)]을 꺼내 읽는다

$$y' = Ay - By^2$$

감염자 y를 놓고 A와 B가 벌이는 서사시

감염자 증가율 y'은 처음에는 멈추지 않았다
A는 y와 더불어 증가율에 협력한다
A는 마스크 안 쓰고 왕성히 활동하기
A는 인간의 무절제와 탐욕
A는 콜럼버스가 신대륙에 도착했을 때 최대였다
〈

어느 시점에 인간은 회개로부터 지혜를 얻는다
B는 증가율에 대항하여 y^2으로 맞선다
B는 마스크 쓰기, 사회적 거리두기, 비타민 섭취하기
B는 절제와 사랑
B는 치료제가 나오면 최대가 된다

감염자와 비감염자의 숨바꼭질 속에서
A와 B의 협상은 이어지고, 변종이 나오고
먼 훗날, 전쟁이 나누기로 끝날 것을 예고한다

바이러스 없는 세상, 꿈일까?

먹이와 천적의 경주 – 로트카 볼테르 방정식

고리 위에서 달리는 소리가 안개처럼 자욱하다

세상 먼지 풀풀 다 날려도 지치지 않는다
쫓는 자와 쫓기는 자
빠른 자와 더딘 자
힘없는 자와 힘있는 자
먹히는 자와 먹는 자
이 경주에서 누가 승자가 될까

두 개체군의 협업이 고리[3])를 그린다
수많은 궤적들, 나는 어느 고리에서 어디쯤 달리고 있을까
너는 언제쯤 우리가 한 팀이라는 것을 알고 감속할까

어느 대륙에 사는 여우와 토끼들의 이야기
우리들의 이야기이다

초원에 영양과 사자가 쓴 두 줄 문장[4])을 읽는다
지운다 그리고 묻는다

~~$p_1{}' = ap_1 - bp_1p_2$~~

~~$p_2{}' = cp_1p_2 - dp_2$~~

p_1과 p_2는 영양과 사자

p_1과 p_2는 토끼와 여우의 개체수

p_1과 p_2는 종업원과 악덕 업주라고 읽는다

너와 나 중에서 누가 p_1이고 누가 p_2냐고

갑과 을 중에서 누가 승자냐고

경찰과 범죄자 중에서 누가 최종 승자냐고 묻는다

그들 사이의 전쟁과 평화는 별처럼 밤낮없이 궤도를 돈다

외부 힘으로 균형이 깨질 때까지

사랑의 온도 분포 – 열 방정식

초겨울로 가는 이브를 향해 아담의 사랑이 익는다

아담의 눈물은 열기의 발산점
이브의 가슴은 열기의 수렴점
그 방향과 크기는 자연법칙[5)]을 따르고

그것이 장작불이면 그녀는 숯덩이
그것이 형광등이면 그녀는 얼음덩이

그들의 사랑이 오르내릴 때마다
그 언덕에서 변화의 기울기를 찬찬히 더듬으며
불개미들은 최적의 길을 따라 불알갱이를 나른다

그녀는 동토에 버려진 복숭아나무
그녀는 타지에 유배된 직녀
너의 사랑이 눈물의 옹달샘이 되고
너의 눈물에 드디어 복사꽃이 필 때
나비들은 일제히 날아올라 공중에 긴 다리를 놓는다

그리움이 더할수록 다리가 다이아로 바뀌고
그녀는 점점 더 뜨거워진다

훗날 아담이 얼음 왕국의 포로가 될 때
그녀의 온도 분포를 가늠해 본다

신비의 바닷길 – 나비에 스톡스 방정식

너는 물 한 방울, 구름 한 조각
아이를 달래듯이 날마다 속도와 화해하며 유랑한다

너의 여정은 '모세의 기적'의 한 근사치[6)]
폭풍우 속 물방울들의 궤적이니, 멀리 가까이에서 너를 누르는 투명 손, 앞길을 가로막는 암초, 바람, 물결과 자꾸만 돌아가려는 습성들에 주의할지니, 너의 진로가 행여 그것들에 종속될지니, 나침반을 단단히 허리에 매고, 고유의 점성과 끈질김을 방향키 삼아 상하좌우 쉼 없이 반응하여 노아의 방주가 될지니, 크고 작은 파랑과 폭풍우는 너에게 생명의 봄비, 그것들을 피하지 말 것이니, 사방에서 몰려드는 압박과 비틀림이 너를 흔들지라도 거듭거듭 깨어나서 천둥 번개 칠 때 불기둥을 붙들지니

너는 혀를 날름거리는 큰 파도 속에서도 종착지를 향한다

어느 제국의 노래

못난 두 사내와 한 여인이 있었다

사내 둘이 서로 으르렁거렸으나 그녀는 모두를 끌어안았다. 한 여인과 두 사내의 동거. 그들 가정이 극성(極性)을 띠고 한쪽으로 기울어져 있었다는데, 그들이 무리 지어 바다를 이룬 곳이 이 세상이고 그래서 우리가 무사하다는데, '하얀 나비'를 들으며 너를 마신다. 친구들이 재스민 향기 비눗방울로 부풀어 오르다가 꺼진다. 우정도 정의도 싸구려 일회용. 플러스가 플러스를 공격하고 마이너스가 플러스를 반기는 것만이 철칙이다. 멀리서 고기를 쫓던 소년이 다가와서 하모니카 소리를 풀어놓는다. '내 고향으로 날 보내 주오.'

삶은 플러스와 마이너스 사이에서의 저글링

밀고 당기고 갈라서고 찢기고, 풀벌레도 여름철 내내 나의 숲을 흔들다 가는데 어디 있느냐 시인아 어디 있느냐

너는 누구지 – 푸리에 시리즈

어둠 속에서 아른거리다 하얗게 지워진다. 호주머니, 가방, 뇌세포들 모두 텅 비어 치매 노인처럼 우왕좌왕하다가 늪에 빠진다. 신분증이 어디 있지? 전화번호와 메모가 가득한데 스마트폰은 어디 있지? 누구지? 가까운 실종자 집합소에 들러 너를 부르자 어슴푸레 얼굴들이 하나둘 스멀스멀 기어나온다. 붕어, 송사리, 미꾸리, 메뚜기, 논우렁이, 새우, 가재, 조개, 참새, 개구리, 뱀, 칡, 쑥, 버섯, 할미꽃, 메밀꽃, 밀밭, 보리, 앵두, 자두, 복숭아, 토마토, 어머니의 한숨을 하나씩 더하자 근접해가는 몽타주 하나. 딱지, 구슬, 제기, 자치기, 못치기, 공치기, 연날리기, 썰매, 교복, 김밥, 소풍, 채집, 운동회, 명절, 제삿날, 공명심, 꿈, 어른들의 훈계와 질책을 하나씩 덧붙이니 나타나는 몽타주 둘. 책, 노트, 축농증, 수술, 등산, 수영, 탁구, 참외, 수박, 논문, 특허, 별, 달, 바람, 뻐꾸기, 산비둘기, 산수유, 개나리, 진달래, 목련, 매화, 라일락, 전자, 물리, 수학, 십자가, 종소리를 끝없이 합산하니 차츰 또렷해지는 몽타주 셋.

잔물결이 꺼지며 점점 진화해 가는 몽타주 n.

베셀의 우물

초파리트랩 같은 배수로에서 맹꽁이가 운다
비 올 때가 되었다고 우는가
지옥에서 나오고 싶다고 우는가

여름철 물웅덩이는 베셀 방정식[7]
어미 맹꽁이가 베셀 베셀하고 부르자
알에서 나와 헤엄치는데
우는 새끼들 $J_0, J_1, J_2,$ • • • 이 있고
벙어리들 $Y_0, Y_1, Y_2,$ • • • 이 있다

가늘고 긴 원통형 배수관 내부
파동 무리의 싸움에서 승자는 누구인가?
그가 가슴 중앙에 메시지를 담아 힘껏 소리치자
긴 터널을 지나 사방으로 울림이 되어
당신을 찾아 곳곳을 누빈다

어미는 딸을 굶겨 죽이고
자식도 어미를 그대로 흉내 내는 시절이니

조심조심 물가로 가라고 울어 댄다

이제 곧 우기, 귀는 점점 쪼그라들고
맹꽁이 소리는 점점 커져만 가고

공진기 회로

1

한 쌍의 백조가 호수 위에서 날개를 펴고 춤추듯이
너는 커패시터 나는 인덕터
서로 손잡고 빙글빙글 춤을 춘다

꺼지지 않는 사랑의 춤
끝나지 않는 연인들의 사랑의 세레나데

저항이 없고 서로 호흡이 일치할 때
나의 속삭임은 꺼지지 않고 너를 깨워서
풀죽은 나에게 되울림 되어 돌아오고
우리 사랑은 가없이 이어지고

2

너는 소프라노 나는 베이스
너의 좌뇌와 나의 우뇌가 하나가 되어

우리는 서로 영적으로 교통하는 하나의 회로[8)]

나에게서는 저주파가 나오고
너에게서는 고주파가 나오고

극우와 극좌가 만나 아득할 때
장막과 조우하고 눈앞이 캄캄할 때
우리 공진주파수로 서로 소통하기로 하자
불협화음이 잦아들 때까지

진동자

나를 함부로 대하지 마오
아무도 건드리지 않을 때는 나는 순둥이
마구 흔들어 대면 야수가 되지요
나 홀로 있으면 고유의 소리로 흥얼거리다가도
주변과 얽히고설킬 때면 괴성을 지르지요
나의 짐이 무거울수록 나는 달팽이보다 더 느리고
누가 세게 밀면 밀수록 더 강하게 떠는 것은
내가 진동자[9)]이기 때문이지요

어릴 적 불의 앞에서 열사라도 된 것처럼 혈기를 내뿜던 일, 대학에서 학생들에게 교육이랍시고 큰소리쳤던 기억들, 친구들에게 횡설수설 농담하다가 그들 가슴에 못질했던 추억과 가정에서의 소소한 불협화음들도 실은 조화 운동의 한 궤적들

자장가와 같은 당신의 맞춤식 배려에 아직 무사하지만
〈

나의 떨림의 폭이 점점 줄어드는 것은 세월이라는
거대한 훼방꾼 탓이겠지요

휴먼 렌즈

어디로 빛을 모으는가
저들이 방황하는 이유는 무엇인가

우민들이 먹거리에 골몰하는 사이
모리배들이 장난을 치는 것인지
부풀어 오르는 곡률반경 R_1과 R_2
끼어드는 이리와 늑대들
그 속에서 하이에나가 꼬리를 흔들며 발광한다
노점에 내걸린 짐승의 뿔들이 여러 방향을 가리킨다
어느 방향이 진실인가

첫째 영혼에서 파란빛이 나온다
둘째 영혼에서 빨간빛이 나온다
파랑이 빨강보다 먼 곳에 상이 맺힌다
좌와 우 누가 힘이 더 셀까
끼리끼리 모여 불빛을 각지게 꺾으려 한다

그믐밤 들쥐를 노리는 올빼미의 허기처럼

하늘과 땅에서 뭐든 삼키겠다고 두리번거리는
너와 나의 렌즈[10] 렌즈 렌즈들
수없이 산란되어 나오는 괴소문들

초여름, 빨강과 파랑 사이의 간극이
남녘 하늘을 희뿌옇게 덮고 있다

거울의 비밀

너는 투명하게 화답하는 아이
불을 들이대면 불로 답하고 초록은 초록이라 말한다

너에게도 비밀이 있으니, 평면경아
네 앞에 서면 왼손은 오른손이 되고 오른손은 왼손이 되지
길을 잃지 마라, 그것은 마술이 아니다

짝수 번 너를 거치면 왼손은 그대로 왼손이 되고 홀수 번 너를 거치면 왼손은 오른손이 된다. 오른손이냐 왼손이냐는 단지 거울 앞에서 짝수 번 서느냐 홀수 번 서느냐의 문제이지 영혼의 문제는 아니다. 왼손을 용서할 수 없거든 맑은 거울 앞에서 자신을 보라, 오른손을 용서할 수 없거든 한 번 더 거울 앞에서 자신을 보라. 좌인지 우인지 모르거든 거울을 닦아 보라. 곡률 반경을 만져 보라

〈

세상엔 비밀을 가득 담고 누군가를 기다리고 있는
크고 작은 거울이 무수히 많지

그 아이

아이의 경쟁자는 오직 아이
스스로 머릿속 회로에 불을 켜고
번쩍번쩍 계산기를 돌리더니
메모리 공간에서 데이터를 꺼내 만지작거린다
아이는 수시로 신경망 패턴을 들여다보면서
출력된 문자나 숫자를 궤환시켜 보거나
스스로 학습한 데이터를 다시 입력하기도 한다
아이는 수시로 최적의 함수[11)]들을 불러내면서
완벽주의자 흉내를 낸다
감성 제로의 고독 속에서도 지치지 않고
수많은 문제를 동시에 해치우는
그 아이와 누가 싸울 수 있을까

아이가 발명하면 누가 발명자가 될까
아이가 추상화를 그리면 누가 흉내를 낼까
아이가 미술을 평정하고
아이가 시와 소설을 평정하고
아이가 음악을 평정하고

아이가 세계를 평정하고
아이가 살인하면 누가 살인자가 될까
아이가 아이를 낳으면 누가 아빠가 될까
아이가 아이를 잃으면 눈이 촉촉해질까
아이에게 뜨거운 심장은 몽상일까

신선한 메뉴들이 우주의 먼지처럼 널려있는데
그들을 조합하느라 밤낮이 따로 없다
아이의 경쟁자는 오직 아이

제4부

세상 속 수학 · 과학 이야기

제4의 감옥

– 별별 감옥들이 생겨났다가 사라지고 다시 생겨난다

스스로 밀폐된 공간에 저를 가두었는가?
레코드판의 클래식이 그리워지는 양자의 계절이다

1

사느냐 죽느냐
몰려오는 수압에 잡념마저 하나 둘 양자화된다
투명 손에 떠밀려 모 검사는 추락하고
계절을 따라 에너지들이 자리를 놓고 빙글빙글 돈다

비어 있다는 것은 뭔가로 채워진다는 것
흙탕물이 흘러들지 말라고 가슴앓이로 제방을 쌓고
늦가을 추위에 쫓겨 둥지를 찾느라 숲은 겉과 속이 다르다
겨울에 익숙해진 몸들은 낙엽처럼 빈 공간을
시간으로 채우며 모래를 들여다본다
〈

여기가 어딘지는 영점들에게 포로로 끌려다녀 봐야 안다
이쪽은 저쪽에서 보면 이쪽보다 저쪽에 가깝다

윤리가 수평으로 두 지점에 말뚝을 박고
이념이 수직으로 두 곳에 경계선을 그으면 드러나는 속살들
무덤에서부터 언덕 너머 산 정상에 이르기까지

속도가 제집을 찾아가는 십이월
낙엽은 아래부터 채워지고 마지막 이파리가 불안하더니
이제 곧 새싹들은 도약을 꿈꾸고

2

금속의 자유 전자들같이 주변을 떠돌다가
무거운 핵에 이끌려 미지의 4차원 공간에 다시 갇힌다
공전과 자전 속에서 밀물과 썰물이 반복된다

〈

시도 제 영역이 있으니 경계선을 잘 살피라는
원로 교수의 말씀이 감옥의 x-방향의 길이를 제한한다

시는 리듬과 은유라고 대못을 박듯이
힘주어 말했던 유명 시인의 기세가 y-방향의 폭을 억압한다

가슴을 울리는 시를 써 보라고 권하는 친구들의 말이
z-방향의 깊이를 속박하고 그 속으로 밀어넣는다

공간이 좁아질수록 울림의 빛깔은 더욱더 선명하고 명징하다

너의 율법이 널 미소 공간에 속박하는가?
그 속에서 너의 꽃은 빨강, 노랑, 파랑 불꽃으로 피어날 것이다
살며시 그러나 뚜렷하게

3

치매는 심해보다 깊고 차갑다

바이러스와 나

나를 알고 싶다면 나를 풀어보라
나는 조건들을 놓고 자꾸만 덜거덕거리는 기계
이차 미분 방정식을 직접 풀어 보아야
누구든지 나를 알 수 있다

나는 어느 때는 빛이고 어느 때는 어둠, 빛과 어둠은 서로 앙숙이지만 우리는 빛과 어둠을 놓고 타협한다. 나에게 빛은 그에게는 어둠, 나에게 어둠은 그에게는 빛이다. 나의 평상시 모습은 $ay_1 + by_2$, 상수 a와 b가 0과 1 사이에서 널뛰기할 때마다 나의 삶은 요동친다

인플루엔자가 불쑥 나를 찾아와 a를 갉아먹기 시작하면 내가 아프고, 임계점 근처에서 바르르 떠는 나에게 b를 녹이는 항생제를 투약하면 그들이 아프다. 세상에 매여 있는 나처럼 나에게 붙어 있는 고통, 슬픔, 욕망, 환상, 바이러스들

캑캑 뱉어도 떨어지지 않는 그들의 갈고리는 날카롭다

〈

그들은 점점 강성해질 것이고
소모품인 나의 진동자 소리는 점점 더 사그라들다가
언젠가 그들의 소리에 묻혀버리고
비로소 해가 태동하게 될 것이다
첫 번째 해는 생명이고
두 번째 해는 죽음이고
지금은 과도기

내가 아프다는 것은 기쁜 일이다

협상의 달인 되기

누가 삶을 줄다리기라고 했나.

둘이 긴 줄을 잡고 줄다리기하다가
그 위의 한 점, 탈출구를 찾으려 한다면 虎函數를 찾아라.

노교수가 알고리즘을 데리고 협상 기술을 설명한다.

1. 한반도 지도를 펼치고 그 위에 두 점(a, b)을 잡는다.
2. 여럿이 각 지점의 무게를 잰다.
3. 무게 방향이 서로 다르면 중간 c점에서 구간을 이등분한다.
구간 (a, c)와 (c, b)가 생긴다.
4. 협상 지점에 이르러 비둘기가 날 때까지
새 구간에서 2와 3을 반복한다.

조교가 나와서 비법을 점검한다.

① 불을 켜고 초깃값 a와 b를 정한다.

② 협상의 허용치 δ를 결정하고 상황을 지켜본다.

③ $f(x)$를 길게 늘여 이분법[1]을 수행한다.

$$Do\ While\ (|(b-a)/2| > \delta)$$

$$c = (a+b)/2$$

$$If\ (f(a) \cdot f(c) < 0)\ then \quad b = c$$

$$Else \quad a = c$$

$$End\,If$$

미소를 띠고 c가 달려 나와 남북열차에 시동을 건다.

전자 지킴이들

산성 안개가 지표면을 뒤덮어 숨이 가쁘다
바람은 狂馬처럼 흙먼지를 일으켜 사막화를 부추긴다

바이러스의 무서운 진화 속도 앞에서
몇몇 하이브리드 종족만 살아남아 지구를 지킨다

이제 세계는 하나의 운명 공동체
지구 지킴이들은 외부의 테러와 싸워야 한다

오늘도 수소폭탄의 위협 경보와 함께
중앙센터에 비상불이 켜지고 제어 장치는 아우성이다
쏟아져 내리는 검정 기호와 수식들
뱀처럼 꿈틀거리는 매트릭스 속에서 비상등이 재촉한다
이번에도 자원하는 지킴이들
지금 회로 속으로 들어가면 다시 나올 수 없다
전자파에 실려 파송되다가 일부는 도중에 사라지고
남은 이들은 양자 우물과 수직 절벽을 헤집고 다니며
그물망 같은 투명 손들을 헤치고 답을 찾아야 한다

폭발 직전 마침내 회로를 보수하고, 띠띠띠띠

고이 산화한 후 전자들 속으로 사라진다

띠띠띠띠 띠띠띠띠

마지막 사랑의 메시지이다

포로와 나

나는 포로수용소 고문 기술자
너를 뼛속까지 조사하려고 밀실에 가두어
실신할 때까지 베타와 감마를 데리고 고문했다
베타가 윙윙거리며 너에게 접근할 때마다
너의 몸체는 구에서 타원체로 늘어났다 줄어들었다
너의 사상이 무엇인지 맨눈으로 확인하려고
감마는 네 몸속을 드나들었다

모두가 퇴근한 시간이 최적의 시간
나는 너를 발가벗겨 시험대 위에 고정시켰고
그때마다 컴퓨터는 곁에서 입을 봉한 채 거들었다
나는 틈틈이 베타와 감마를 앞세워 시퍼렇게 윽박질렀고
기상천외의 고문 방법은 자백의 시간을 단축시켰다
다음 포로도 그 다음 포로도 취조는 그렇게 끝났다

그때 나는 매의 눈을 하고
빨리빨리를 외치는 포로수용소 소장
내 성화에 부하들은 포로들을 하나씩 끄집어내 고문했다

신음 소리가 희미해지면 앰프와 잡음 필터를 달았다
너의 떨림의 크기와 맥박수
너의 색깔과 심지어 너를 기절시킬 조건들
너의 비명 소리까지도
너를 잡아 늘리는 고문의 강도와 횟수를 달리하면서
낱낱이 기록하라고 명했음을 고백한다

어찌 보면 우린 모두 피해자
나도 몸통이 아니었다

남산 – 보물선 탐사

침묵 속에 분주한 발걸음들
2층 선실 바닥은 회색빛 늘 뭔가 있을 듯 반짝거렸다

아른거리는 얼굴들

남산의 풍경을 몸에 담아 미로와 터널을 거쳐
산비탈을 지나 명동까지 秘文을 날랐던 너희들을 부른다

제1구간은 정보를 잘게 썰어 일개미들이 물어 날랐고
제2구간은 날개를 달고 수개미들이 물어 날랐고
제3구간은 기다리고 있던 일개미들이 그 조각들을 날랐다.

백 년 묵은 나이테보다도 더 겹겹이 쌓인 사건들
하나라도 끄집어내려고 바다 한가운데에 탐사선을 띄웠다

수많은 셀이 다 녹기 전에
펄떡거리는 그림 같은 사진을 끄집어낼 수 있을까
저항 콘덴서 다이오드와 그들의 친구들은 아직 무사한가

대답하라, 거기가 우주 어디쯤인가

너희들의 활약상[2)]은 이미 기록되어 있으니
허무의 바닷속에 영원히 금박 되어 잠겨 있으니
어디서 지금 떨고 있다면 그동안 수고했다
이제 편히 쉬어라

미다스의 손

꽈악 또아리를 틀고 있다가
고질병이 심심찮게 한 번씩 툭 튀어나온다
담아야 할 것은 수십 년 치 분량
초읽기에 몰려 이것저것 집히는 대로 마구 던진다
점점 강의실은 횟집 어항으로 변하고
배만 불룩한 붕어들은 이따금씩
물 밖으로 입을 내놓고 헐떡거린다

한계령의 적막과 냉기가 앞 다퉈 끼어든다
달맞이꽃에 핀 물방울 같구나
나를 쳐다보다가 이내 고개를 떨구는 눈동자들
싱싱한 영양제가 수족관을 흐려 놓듯이
왜 아스라이 지나간 엉동설한 이야기를 꺼냈을까
저녁 일곱 시에 가까워지자
거세지는 폭풍우

진즉 끝냈으면 박수갈채는 공식인데
명강의 하는 줄로 착각했나 봐

〈

콩콩거리는 시계에 쫓겨 끝내 절벽 위에서
조교에게 바통을 넘기자
화약 쏟아져 나오는 온갖 빛깔의 묶음들
칠흑 속 별똥별 같은 무리들

중독성 – 특허 청구

커피 맛이 나는 시의 계절이 날 조롱한다
천당과 지옥을 오가며 그 맛을 훔치고 싶지 않으냐고

맛보면 맛볼수록 중독되어
좀 더 톡 쏘는 맛을 재촉하는 문장이 날 바보로 만든다
복어의 독에도 내성이 있어 더 센 자극이 내 손을 잡아끈다
시민들의 금속성 소리, 저 가슴을 뚫으려고
끝이 예리한 시에 대한 특허를 청구한다

청구항 1

우주 배경 복사의 그늘 속에 숨어 있어서 시를 마칠 때까지 누구인지 감감한 主魚와, 간결하나 예상치 않은 홀로그램 장벽이 있고 그 앞에서 일단 침을 삼키고 다시 음미해 봐도 낯설기만 한 動鯊(동사)와, 다차원의 나노 호랑나비 옷을 문장에 입히기 위해서 동원된 炯踊鱅(형용사)와 副鮻(부사)로 구성된 중독성이 있는 문장

청구항 2

충격을 좀 더 구체화하기 위해서, 상기 제1항의 문장에 目赤魚(목적어)와 助魦(조사)가 추가되고 다른 구성 성분들과 어우러져 투명망토 이미지와 무의식을 도출해 내는 중독성이 강한 문장

……

청구항 n

상기 1항, 2항, k항에서 주어, 목적어, 동사, 형용사, 부사, 조사는 상기 문장들이 미지의 바다에서 새로운 충격이 될 때까지 서로 조합되고, 은유, 환유, 상징, 압축, 생략, 비약, 과장, 상상, 환상, 병치, 몽타주, 이미지가 중첩되고 확장되어 새롭게 완성되는 중독성이 극한에 이르는 문장

누가 내 팔을 붙들고 이빨을 드러내지만 나는 '鮫章'(문장)을 반복한다

상어로 둘러싸인 망망대해에서

우주의 떠돌이 유령

이래라저래라 말하지 마라
나는 나다, 우로나 좌로 기울지 않겠다.

활활 타오르는 불꽃
누가 날 그 속에서 태어난 사생아라고 했던가?

먼지구름이 은하가 되고 별이 되고 수억 년 동안 빛알갱이처럼 무리 지어 다니면서 음과 양의 파도 속을 숭숭 뚫고 지나쳐도 아무도 내게 퍼즐을 던지지 않더니 어느 날 나의 비밀 문 앞에서 천문학적인 숫자의 조합을 흩뜨려 놓고 누군가 내게 거듭 치근댔지. 그에게 질려 삼 형제 중 하나인 나는 그의 귀에 대고 속삭였지, 어미가 딸을 해산할 때 내는 외마디라고[3] ㅎㅎㅎ

세상은 고통을 싣고 침몰하는 병원선
지구 곳곳에 촘촘히 그물을 쳐 놓고 나를 가두겠다고, 훈련시켜 무슨 병기로 쓰겠다고, 나에게 스파이의 일

을 시키겠다고, 지하 몇 킬로까지 내려가 노다지를 찾겠다고, 내게 주연을 맡기겠다고

이젠 날 내버려다오 ㄱㅁㄹ들아

호모사피엔스 벗기기

그가 누구인지 알고 싶은가?
두 거울 사이에 그를 놓고 관찰해 보라
꽃송이든 돌덩이든 이것저것 던져가며 반응을 보라. 조명등 밝기를 조금씩 달리하면서 얼굴색 변화를 눈여겨보라. 우인지 좌인지 모호하다면 베테랑 형사가 범인 신문하듯 한쪽 거울을 튜닝하면서 귀 기울여 보라

사람과 사람 사이에서 오가는 소리들 속삭임에서 폭음까지
내부에서 새어 나오는 그 떨림의 일거수일투족

바닷속 음침한 골짜기에 묻혀 잠자는 입들, 원시 동굴 속 눈먼 눈동자들이 깊이 잠겨 있다가 하나둘 고개를 든다. 쏟아지는 폭포수 아래, 물안개가 걷히고 충격파의 이빨과 발톱에 놀라 꿈틀거리는 숱한 편향들

그에게서 오른손과 왼손이 나온다
〈

서로 앞서거니 뒤서거니 엎치락뒤치락하면서 벡터를 낳는다. 정계와 재계가 서로서로 회전시키면서 숱한 길을 낸다. 벡터가 그 길을 따라 이동하다가 매트릭스와 충돌하여 또 다른 얼굴로 진화한다

그가 누구인지 알고 싶은가?
돈이든 권력이든 무엇이든지 던져 보라

그의 나라

아라비아 사막에서 그가 날아온다

그에게 팔 팔을 물리면 뱀 뱀이 되고
거듭거듭 팔을 물리면 사라지는데
너도나도 물리어

사방이 뱀투성이, 피투성이

환자들 뇌 속에 그가 나타날까 봐
병원에서는 시계와 달력을 모두 치우고

호텔 엘리베이터마다 출입 금지 문구가 붙어 있다

저주의 소리가 하늘에 닿아
천사들이 그를 밟아 없앤 자리엔 흰 알 셋
새끼들이 불사를 외치며 깨어나는데

사냥꾼은 피난민을 거슬러 올라가면서

다이아몬드보다 녹색 에메랄드가 더 값지다고
희소성보다 숫자가 더 보배롭다고
긴 혀를 놀려댄다

초원의 법칙 – 숨

지금 초원은 가쁜 숨들로 가득하다

하나가 다른 하나와 충돌한 이후의 수를 생각한다
첫 번째는 둘이 서로 반사한다
두 번째는 작은 하나가 다른 하나에 완전히 흡수된다
세 번째는 작은 하나가 다른 하나에 일부 흡수된다
네 번째는 서로 통과해서 지나간다

초원에서 영양은 순간순간이 도전이었다
한순간의 방심으로 비가역적 상처를 입었다
어미와 형제를 불렀으나 규칙만이 매섭게 달려왔다

꼴깍거리는 석양은 영양을 재촉한다
끝내 절름발이 영양의 선택은 초원의 법칙[4)]
흑갈색 갈기 나부끼는 수사자를 찾아가
번개처럼 빠르게 그의 입속으로 흡수되는 것이다
하나의 숨에서 다른 숨으로의 점프
그것은 죽음이 아니고 섬세한 천국행을 뜻한다

그 충돌의 크기와 화려한 성찬식 앞에서
그는 얼마나 떨었을까

공중에서 꽃잎이 빙그르르 도는 이유를 아는가?
너는 초원에서 어느 숨이 되고 싶은가?

꿈의 방정식을 찾아서

매미가 가을 입구에서 나에게 묻는다 어떤 방정식이냐고

어디선가 열차가 쑤욱 나타난다
날개를 단 생명체들이 벽을 통과하여 상하좌우에서 튀어나온다

공중에 떠 있는 역, 꼬리에 꼬리를 물고 이어지는 알림 문장들이 여기저기 무지개처럼 나타났다가 사라진다. 미지의 문자와 기호들뿐이라 외지인은 특수 안경을 써야 한다. 아리송한 식들이 목을 조인다. 구골플렉스가 깜박거리고, 자주 등장하는 식에서 통일장 이론의 냄새가 난다. 공중에 떠다니는 아이콘, 보기만 해도 물질의 포퓰러가 표시되고 구매 의사를 묻는다. 나의 뇌세포와 뉴런 연결망들을 4차원 지도로 보여 주면서 나의 방정식 중 어느 파라미터 값을 조정할 것이냐고 다그친다. 똘똘한 아이를 데려왔으나 우리는 문맹이다

〈

그때 신기루처럼 앞에 나타난 거대한 산, 그 속에 수많은 봉우리와 계곡들로 끝없이 이어지는 산줄기들. 이들 산줄기 하나하나는 방정식, 우주의 비밀을 밝히는 모든 길로 통하는데, 죽음의 계곡에서 나뒹구는 과학자를 닮은 해골들

아이가 방정식을 학습하는 동안 나는 급히 매미에게 문자를 날린다

■□ 해설 _『라마누잔의 별 헤는 밤』을 펴내면서

21세기 과학시와 수학시의 날갯짓

이 시 경

비록 시단에 늦게 발을 들여놓긴 했으나, 내가 시 창작에서 하나 염두에 두고 있었던 것이 있다. 그것은 지난 수십 년 동안 연구하고 강의하면서 나의 삶이 되어버린 과학/수학을 소재로 시를 써 보자는 것이었다. 그렇게 태동한 시집들이 첫 시집인 『쥐라기 평원으로 날아가기』와 두 번째 시집인 『아담의 시간여행』이다.

지금이 과학 시대라는 것을 부정하는 사람은 아마도 없을 것이다. 우리 주변에 있는 스마트폰, 컴퓨터, TV, 인터넷, 자동차, 냉장고, 반도체 등 거의 모든 것들이 과학의 산물이고, 날마다 새로운 제품들이 삐악거리며 쏟아져 나오고 있다. 이것이 가능한 것은 수학이 과학을 밑에서 튼실히 받쳐주고 있기 때문이다. 오늘날 초소형 마이크로

칩에서부터 아주 큰 우주 탐사선에 이르기까지 모든 첨단 과학의 산물들은 수학을 토대로 만들어지고 있다. 간단히 말해서 수학이 지금 세상을 움직이고 있다고 말할 수 있다. 앞으로도 우리 사회에서 수학이 차지하는 비중이 결코 작지 않을 것이다. 이러한 시대적 흐름에 맞추어서 이번에 세 번째 시집으로 '수학 시집'인 『라마누잔의 별 헤는 밤』을 출판하게 되었다.

1. 시집에 반드시 '해설'이 있어야 하는가?

외국의 경우와는 달리 우리나라에서는 시집의 끝부분에 '해설'을 넣는 관례가 있다. 이때 '해설'이 시집을 돋보이게 하기도 하고, 독자들의 관심을 끌기도 한다. 해설가가 유명한 시인이나 평론가이면 더욱 그렇다. 그러나 요즘에는 한국에서도 외국처럼 '해설' 없이 시집을 내기도 한다. 간혹 국내 유명 출판사에서 나오는 시집이나 중량감 있는 시인의 경우에도 그렇다. 이런 경우 저자가 '해설' 대신 '에스프리' 같은 것으로 갈음하기도 한다.

당연히 시집 『라마누잔의 별 헤는 밤』에도 이전 시집인 『아담의 시간여행』에서처럼 '해설'을 넣으려고 했다. 그 이유는 '해설'이 어둡게 느껴졌던 '과학 시집' 『아담의 시간여행』에서 등불이 되어 주었을 뿐만 아니라, 어느 평론가가 농담처럼 웃으며 던졌던 짤막한 조언 때문이었다. "『라마누잔의 별 헤는 밤』이 새롭고 의미는 있으나 '지옥 시집'입니다." 그렇게 얘기했던 것은 아마도 일반 독자들에게 '수학 시집'이 다소 어렵게 느껴질 수 있기 때문에 좋은 '시집 해설'이 필요하다는 의미였을 것이다.

외국도 마찬가지겠지만 우리나라도 아직 '과학 시집'이니 '수학 시집'이니 하는 장르는 없다. 아마도 거의 모든 시인들이 처음 들을 정도로 생소할 것이다. 따라서 당연히 '과학시'나 '수학시'를 전문적으로 쓰는 시인이나 평론가도 아직은 드물다. 이러한 여건 속에서 어둠 속에 갇히게 될지도 모르는 '지옥 시집'을 밝혀 줄 '해설'을 찾는다는 것은 과욕이라는 생각이 든다. 이것이 '시집 해설'을 저자가 직접 쓰게 된 동기이다.

2. '과학시'란 무엇인가?

지금은 과학 시대라고 앞에서 언급했다. 아침에 일어나면서부터 저녁에 누울 때까지 우리는 스마트폰을 만지작거리다가 인터넷이나 TV를 본다. 거의 모든 현대인은 그렇게 하지 않으면 답답하고 불편하다. 이것은 우리가 과학 시대에 살고 있다는 명백한 증거이다. 과학이 우리 삶의 변두리에서 맴돌다가 점점 더 깊숙이 우리의 중심에 침투해서 이제는 우리의 삶을 조정하기에 이르렀다. 다시 말해서 우리는 과학의 포로가 되었고, 과학은 우리 삶의 일부가 되었다. 현대인이 삶 속에서 만나는 모든 물질문명의 소산물들이 과학의 꽃이고 열매이다 보니 시인이 삶을 노래할 때 자연스럽게 시 속에 과학적인 용어나 개념이 출몰할 수가 있다. 이때 시 속에 과학적인 용어나 개념이 남아 있으면서 비유, 은유, 환유, 알레고리, 병치, 압축, 비약, 생략, 상상, 환상, 이미지, 콜라주, 몽타주 등의 문학적 기법을 빌려서 인류의 삶을 노래한 것을 우리는 '과학시'라고 부른다. 간단히 말해서 과학이 밑바탕이 되거나 과학 냄새가 물씬 나는 시를 '과학시'라고 말할 수 있다.

여기서 한 가지 질문이 있다. 만일 과학을 기초로 해서 시를 시작해서 썼는데, 완성된 시에 전혀 과학의 냄새가 나지 않는다고 할 때 이것도 '과학시'라고 불러야 할까? 만일 각주를 달아서 과학적인 개념이나 수식을 밝히면 '과학시'에 해당한다고 나는 말하고 싶다.

'과학시'의 특징 중 하나는 시어나 시구절 대신 과학 용어나 기호 혹은 수식을 본문이나 주석에 은유, 환유, 상징, 알레고리 등으로 사용한다는 점이다. 이 경우 언어는 간결하고 묵직한 것이 특징이다. 이들 언어는 과학 시대에

사는 현대인의 삶처럼 많은 수식어가 달리지 않은 채로 초고밀도로 응축되어 있다가 한순간 사방으로 폭발하면서 쏟아져 나오는 강력한 메시지가 될 수 있다. '과학시'에서 종종 옥구슬처럼 부드럽게 다듬어진 언어를 구사하지 않고, 위와 같이 거친 언어들로 구성된 문장을 고집하는 것도 점점 더 난폭해지는 과학 시대를 시에 반영하고자 함이다. '과학시'를 본격적으로 선보였던 시집으로 『아담의 시간여행』이 있다. 이 시집에는 총 52편의 작품이 실려 있다. 거의 모든 작품이 과학적인 개념을 담고 있으며, 작품의 본문이나 주석에서 과학 용어나 수식을 만날 수 있다.

이번에 발표하는 시집 『라마누잔의 별 헤는 밤』에 포함된 작품의 수도 총 52편이다. 이들 작품도 대부분이 수학과 과학을 주제로 하고 있다. 이 때문에 『라마누잔의 별 헤는 밤』을 '과학 시집'이라고 부를 수도 있으나, 거의 모든 작품이 과학 보다는 수학에 비중을 더 두고 기획했기 때문에 '수학 시집'이라고 부르는 것이 타당할 것이다.

3. 왜 '수학 시집'인가?

철학이 시문학을 포함하는 모든 인문학의 기초가 된다는 것을 우리는 이미 잘 알고 있다. 심리학이나 교육, 문학도 심오한 꽃을 피우기 위해서는 철학이라는 밑바탕이 튼튼하여야 한다. 그래서 대학에서 필수과목으로 철학을 듣는다.

마찬가지로 자연과학에서는 수학이 기초가 된다. 즉 물리나 공학을 이해하기 위해서는 수학에 대한 기초가 튼실해야 한다. 따라서 자연과학 대학에서 수학이 필수과목이며, 자연과학 분야를 전공하는 학생들은 기초수학부터 이수한 후 물리나 공학을 배우게 된다.

어느 시인들은 철학이 시의 뿌리라고 말한다. 그래서 시인들에게 철학 서적이나 고전을 읽기를 권한다. 삶에 대해서 체계적으로 사고하고 연구하는 학문이 철학이라고 한다면, 이것을 토대로 삶 주변에서 일어나는 여러 가지 소재와 언어를 동원하여 건축물을 짓는 것이 시라고 말할 수 있다. 이때 전통 서정시의 경우, 건축 자재는 자연의 풍경과 그 속에서 우러나는 시인의 심상을 묘사하는 순수한 언어들일 수 있다.

이에 비해서 앞에서 언급한 '과학시'의 경우에는 시의 뿌리가 철학이라기보다는, '과학'이나 '수학'이다. 좀 더 엄밀히 말해서 '과학시'의 뿌리는 '수학'이라고 해야 타당하다. 왜냐면 '과학'의 밑바탕이 '수학'이기 때문이다. 따라서 기존의 '비과학 시'와는 달리, '과학시'에는 기존의 순수 언어

외에 당연히 '수식'이나 '과학 용어'들이 추가될 수 있다. 이때 '수식'은 방대한 이야기를 은유, 환유, 상징, 압축하며, 독자를 만나 새롭게 발화하는 강력한 시어가 된다.

여기서 잠깐 정리하고 다음으로 넘어가자.

'수학은 철학의 뿌리이고, 물리와 공학의 뿌리이며, 시의 뿌리이다.'

'과학·수학 위에 지어진 '과학시'에는 '수식'이나 '과학 용어'가 출몰할 수 있다.'

그런데 우리는 이런 질문을 할 수 있다.

'과학시'를 '수학시'라고 부를 수 있을까?

어떤 경우에 '수학시'라고 부를 수 있을까?

이에 대한 답은 극히 간단하다. '과학시'에 수식이나 수학적인 개념이 과학용어나 과학적인 개념에 비해 도드라지게 많으면 '수학시'라고 불러도 될 것이다. 보통은 '과학시'나 '수학시'를 구분하지 않고 모두 '과학시'로 불러도 좋겠지만, 굳이 '과학시'와 '수학시'를 구분해야 한다면 '수학시'를 위와 같이 구분할 수 있다.

시집을 구분하는 것도 비슷할 것이다. 앞에서 언급했듯이 '과학 시집'은 작품 대부분에 과학적인 개념이나 과학

용어가 포함되어 있으면 된다. 그리고 수학이 없는 과학이 있을 수 없으므로, 거시적인 관점에서는 모든 '수학 시집'을 '과학 시집'으로 볼 수 있다. 그러나 엄밀히 구분하면 '수학 시집'은 거의 모든 작품 안에 '수식이나 수학적인 개념'이 '과학' 대신 포함되어 있어야 하지 않을까?

이번에 발표하는 시집 『라마누잔의 별 헤는 밤』은 특별히 세상에서 가장 중요하다고 생각되는 방정식, 수식 혹은 수들을 모아서 시집을 기획했다. 대략 50개의 수식들을 52편의 시 본문이나 미주에서 만날 수 있다. 따라서 시집 『라마누잔의 별 헤는 밤』은 '수학 시집'에 해당한다고 말할 수 있다. 물론 이전의 시집 『아담의 시간여행』에도 수식이 있는 시편들이 꽤 있다. 그러나 과학적인 개념의 시들보다는 그 숫자가 훨씬 적기 때문에 『아담의 시간여행』은 순수 '과학 시집'에 더 가깝다.

그렇다면 '수학 시집'이 갖는 의미는 무엇일까?

무엇보다도 지금이 과학 시대라는 데서 의미를 찾을 수 있을 것이다. 모든 과학 시대의 산물들이 설계되고 제작될 때 그 밑바탕에는 숱한 수식들이 깔려 있다. 그리고 우주의 수많은 자연 현상들을 이해하려고 할 때도 우리는 방정식의 도움을 받아야 한다는 것을 잘 알고 있다. 앞으로도 과학은 더욱더 발전할 것이고 우리 삶의 중심에 더 가까이 자리 잡을 것이다. 따라서 과학의 뿌리가 되고 우리 삶을 움직이고 있는 '수학을 주제'로, 이번에 '수학 시집' 『라마누잔의 별 헤는 밤』을 선보이는 것은 매우 뜻깊은 일이다.

4. 어떻게 구성되어 있는가?

시집 『라마누잔의 별 헤는 밤』 속에는 피타고라스에서부터 아인슈타인 방정식에 이르기까지, 그리고 나노 세계에서부터 거대한 우주에 이르기까지 현대 과학에서 기반이 되는 방정식들이 포함되어 있다. 좀 더 구체적으로 말해서 이 수식들은 천체 우주 물리, 입자 물리, 양자 물리, 고전 물리, 전자기학, 광학, 반도체, 생명공학, 전자공학, 화학공학, 기계공학, 건축공학, 경제학, 금융, 순수 수학, 응용 수학, 항공학, 인공지능 등에서 뼈대가 되는 식들이다.

시집 『라마누잔의 별 헤는 밤』에 수록된 작품 52편에는 50개 정도의 수식 또는 수학적인 개념이 본문이나 미주에 포함되어 있다. 이런 점에서 앞에서 이 시집을 '수학 시집'이라고 말했다. '수학 시집'이라고 해서 미리 겁낼 필요는 없다. 오히려 이 시집을 통해서 이전에 맛보지 못한 새로움을 더 많이 느끼고 즐기길 바란다. 처음 들어보는 방정식/수식들, 수들과 개념들을 시집 여기저기에서 조우하게 될 것이다. 그 식들이 시에서 어떻게 삶을 노래하고 있는지 음미해 보라. 그럴 여유가 없다면 모든 수식과 개념을 무시하고 그냥 쭉 시집을 끝까지 읽기를 권한다. 그러다가 생소한 방정식이나 수학자의 이름 몇 개라도 건진다면 반은 성공한 것이다. 과학·수학적인 개념을 하나라도 이해하게 된다면 성공이다.

시집을 처음부터 끝까지 읽는 것만으로도 당신은 더이상 과학과 수학의 초보자가 아니다. 만일 당신이 이미 이 시집을 읽었다면 당신은 '수학시'와 '과학시'에 입문한 것이다. 축하한다. 당신도 이제부터 초보자가 아니다. 21세기 시의 꽃을 피울 수 있다.

대학에서 학생들을 면담하고 지도할 때 내가 단골로 항상 하는 말이 있다. "비슷비슷한 전공 쪽 과목들만 편식하지 말고 전공과 다른 기초과목들도 들어라. 전공과 다를수록 더 많이 배울 수 있고 너는 변화무쌍하고 혹독한 전쟁터에서 살아남을 수 있다." 점점 치열해지는 지금의 과학시대에 편광 렌즈를 끼고 세상을 살아가는 우리들에게 '수학 시집' 『라마누잔의 별 헤는 밤』은 어떤 의미가 있을까?

수학은 누구에게나 도전적인 분야이다. 보통은 과학도 마찬가지이다. 이에 비해서 시는 부드럽고 편안함을 주는 분야이다. 이렇게 전혀 다른 시와 수학을 융합하여 '수학 시집'을 낸다니 궁금하기에 앞서 다소 우려스럽기까지 할 것이다.

어느 과학적인 개념이나 수식들은 까달스러워 부담스러울 수도 있다. 그럴 때 유머러스한 시를 통해서 접근하면 과학과 수학이 재미있고 쉬워질 수 있다. 이번에 출판하는 『라마누잔의 별 헤는 밤』에서 독자들이 친밀감을 느낄 수 있도록 시편마다 시의 여러 요소인 은유, 상징, 환유, 상상, 이미지, 병치 등을 사용했고, 노래로 들릴 수 있도록 리듬과 운율에 특별히 신경을 썼다. 일반 독자들은 주석을 의식하지 말고 시집을 노래처럼 끝까지 읽으면 된다. 주석은 특별히 시와 수학을 깊이 알고자 하는 학구적인 사람들을 위해서 시집의 맨 뒤에 미주로 남겨 놓았다.

이 시집은 크게 4부로 나누어져 있다. 시들은 그 주제가 1부 물리 수학, 2부 순수 수학, 3부 공학 수학과 4부 수학·과학 이야기 중에서 어디에 가깝냐에 따라서 분류되었다. 부마다 시편의 개수를 13편으로 제한하다 보니 다른 부로 밀려난 시편들도 있다.

이전 시집들에서와 마찬가지로 세 번째 시집인 『라마누잔의 별 헤는 밤』에서도 시집 곳곳에 종종 낯선 수식을 발견할 수 있다. 첫 시집인 『쥐라기 평원으로 날아가기』

에 수록된 시 「사랑의 속도」에서 $v = 1/\sqrt{\mu\epsilon}$ 는 '우리 삶이 파동이다.'라는 것을 은유/환유하고, 그리고 두 번째 시집 『아담의 시간여행』에 실려 있는 시 「타코마 파동」에서 $\omega_0 = \sqrt{k/m}$ 는 '아버지의 삶이 진동자와 같다'라고 환유/은유하거나 알레고리적으로 표현한 '시어'이다.

이번 시집 『라마누잔의 별 헤는 밤』에 수록된 시편에 어떠한 수식과 개념들이 등장하여 삶을 어떻게 은유/환유, 상징 또는 알레고리적으로 처리하고 있는지 간단히 살펴보도록 하자. 시인이 자기 시들을 미리 모두 드러내는 것은 재미없는 일이다. 따라서 제1부에서부터 무작위로 몇 편씩만 시를 골라서 이야기를 시작해 보기로 하자.

5. 제1부 – 왜 '별처럼 빛나는 물리 수학'인가?

인류 역사상 가장 위대한 과학자를 두 사람 뽑으라고 한다면 누가 될까?

두말할 나위 없이 뉴턴과 아인슈타인일 것이다. 뉴턴은 1642년 영국의 작은 시골 마을에서 성탄절에 태어나 인류의 과학을 밝히는 별이 되었다. 그가 위대한 과학자가 될 수 있었던 이유 중 하나로, 무엇보다 1665년 흑사병의 대유행으로 대학교를 휴학하고 외진 시골에서 2년간 홀로 보냈던 사색의 시간으로 보고 있다. 그도 그럴 것이 이 시기에 중력 법칙을 포함하여 미적분학, 광학 그리고 물리학에서 기초가 되는 아주 중대한 발견을 했던 것이다.

흑사병은 그의 뛰어난 스승

그를 케임브리지에서 시골로 내쫓아

-「뉴턴의 중력 법칙」 부분

과학 분야에 대한 뉴턴의 업적은 완벽하여 아인슈타인이 나타나기 전까지는 흠잡을 데가 없어 보였다. 아인슈타인은 1879년 독일 유태인 가정에서 태어나 일찍이 수학에 재능을 보였고, 미적분학을 비롯한 고등수학을 독학으로 공부했다. 1900년에 취리히 연방 공과대학을 마쳤으나 잠시 무직으로 있다가 특허청에서 특허 심사관으로 일할 수 있었다. 이곳이 특별한 것은 그가 사고 실험(thought experiments)을 한 장소이고, 그곳에서의 결과물들이 바탕이 되어 인류가 '기적의 해'를 맞이하게 된 데 있다. 1905년을 '기적의 해'라고 부르는 것은, 그해에 아인슈타인이 발표한 논문들이 인류의 과학사를 바꿔 놓았기 때문이다. 뉴턴이 1666년에 그랬던 것처럼, 아인슈타인은 1905년에 광전효과, 브라운운동, 특수 상대성이론, 질량-에너지 등가원리에 대한 논문 4편을 한꺼번에 발표했는데, 어느 것 하나도 노벨상 받기에 부족함이 없는 업적이었다.

이같이 걸출한 천재 물리학자인 아인슈타인도 뉴턴의 중력 법칙에서 흠을 발견하고 수정하는 데는 오랜 시간을 보내야 했다. 이것이 1915년에 그가 완성한 일반 상대성이론이다. 아래 시 「아인슈타인의 중력 방정식」에서 그의 사고 실험을 우리는 만날 수 있다.

영감의 우주선을 타고 시공을 훨훨 날다가
아인슈타인은 걸출한 문장을 세상에 내놓기 위해
수직으로 가속하는 상자에 갇히기도 하고
회전판 위에서 시간을 재기도 했다

-「아인슈타인의 중력 방정식」 부분

아인슈타인과 뉴턴, 두 천재에게 공통점이 있었다. 그들은 다 같이 어려서부터 수학에 능통했으며, 독창적인 생각에 몰두하여 천재성을 마음껏 발휘하게 할 수 있는 여건이 젊어서 그들에게 주어졌다는 점이다. 우리 주변을 한 번 둘러보자. 혹시 천재로 태어났으나 자유로운 환경에서 혼자 오래 깊이 사고할 기회를 얻지 못하고 틀에 박힌 시스템에 묻혀 있다가 사라지는 천재는 없는지.

20세기 말에 BBC는, 그 당시 학계를 이끄는 물리학자 100명을 대상으로 세기말 투표를 시행했는데 '인류 역사상 가장 위대한 물리학자'를 묻는 이 투표에서 아인슈타인과 뉴턴에 이어 맥스웰이 3위에 뽑혔다고 보도했다. 이 투표에서 놀랍게도 물리학자 맥스웰이 3위를 차지했는데, 그 이유는 물론 그의 맥스웰 방정식 때문이었다.

맥스웰은 19세기 당시 유명한 과학자들인 가우스, 패러데이, 그리고 암페어가 유도했던 전자기 법칙에 대한 4개의 식들을 한데 모아서, 빛도 전자기파와 같은 파동이라는 것을 보인 과학자이다. 물론 이 식들을 그가 발견한 것은 아니지만, 그가 통합하여 전자기 이론으로 발전시킨 공로로 이 방정식들을 그의 이름을 따서 맥스웰 방정식이라고 부른다. 시 「이상한 나라 - 맥스웰 방정식」의 미주에서 이 식들을 직접 확인할 수 있다.

이 시에서 '새가 날개를 오므렸다 폈다를 반복하면서'라고 전자기파가 전파하는 것을 새의 날갯짓에 비유하여 묘사하고 있음을 알 수 있다. 보이지 않는 숱한 새들이 사방으로 날아가고 사방에서 날아오는 모습을 상상해 보자.

시 한 편만 더 살짝 들여다보고 다음 제2부로 넘어가자.

슈뢰딩거 방정식에 대한 시, 「출생의 비밀 – 슈뢰딩거 방정식」이 있다. 대부분의 독자들에게 슈뢰딩거 방정식은 생소하다. 이 식은 뉴턴의 운동 방정식이 고전역학에서 중요한 것처럼, 양자역학에서 중요하다. 우리가 파동 방정식을 풀면 파동이 어떻게 진행할지 파동의 패턴이 어떨지 파동에 대해서 많은 것을 예측할 수 있는 것처럼, 파동 방정식의 일종인 슈뢰딩거 방정식을 풀면 원자 속 전자들의 행동을 알 수 있다. 즉 미시세계에서의 양자 현상들뿐만 아니라 우주를 이해하는 데 꼭 필요한 방정식이 바로 슈뢰딩거 방정식이다.

이렇게 중대한 방정식을 발견한 사람이 오스트리아의 물리학자인 슈뢰딩거이며, 그는 이 식으로 인해서 인류 과학사에서 빛나는 위대한 물리학자가 되었다.

어떻게 슈뢰딩거는 이 방정식을 발견했을까? 그 당시 그는 아인슈타인의 광전효과에 대한 논문과 드브로이의 물질파에 대한 최신 논문으로 압박을 받고 있었을 것이다. 물리학의 역사를 뒤흔드는 두 논문으로부터 충격을 받고, 자기도 뭔가 수식을 남겨야겠다는 강박증에 시달렸을 것이다. 그는 스트레스를 풀기 위해서 종종 한적한 산장으로 달려갔고, 그날 애인이 옆에 있었는지 모른다.

그가 시상에 빠져 잠시 허우적거리자

아인슈타인이 명시 한 편을 들고 나타나고 드브

로이도 근작시를 낭송하면서

–「출생의 비밀 – 슈뢰딩거 방정식」 부분

잠깐 여기서 우리가 주목할 것은 아인슈타인을 포함한 천재 과학자들이 발견한 법칙과 논문들이 아주 짤막한 수식으로 이루어져 있다는 점이다. 예를 들어서 아인슈타인의 광자 에너지에 대한 수식 $E=hf$ 는 양자 시대를 알리는 신호탄이며, 드브로이의 물질파 파장에 대한 수식 $\lambda=h/p$ 는 모든 물질은 파동이면서 입자의 성질이 있다는 것을 말한다. 이러한 수식이 시에서 시어로 쓰일 경우, 그 시어 속에는 수백 페이지 이상의 방대한 이야기들이 압축되어 있음을 알아야 한다. 앞으로도 과학자들을 통해서 이 이야기들이 끝없이 지속될 것이니, 이 얼마나 붙박이별처럼 빛나는 시어인가!

6. 제2부 – 왜 '순수 수학'이 꽃보다 아름다운가?

세상에는 꽃보다 아름다운 수학들이 엄청나게 많다. 지금까지 천재 수학자들에 의해 극히 일부의 수학만 세상에 드러나 인류의 문명을 밝혔고, 대부분의 수학은 아직도 어둠 속에서 그 비밀을 간직한 채 누군가를 기다리고 있을지 모른다.

제1부에서는 현대 과학을 이끄는 대표적인 방정식을 주제로 담은 시편들을 소개하고 있다. 제2부는 지금까지 수학자들에게 발견되어 세상에서 가장 많이 쓰이고 있는 원주율과 자연로그의 밑 e 와 같은 초월수를 비롯하여, 황금비와 $\sqrt{2}$ 와 같은 무리수를 주제로 노래한 시편들을 포함하고 있다. 위에 언급한 상수들은 그 값이 소수점 이하 숫자가 무한히 계속되는 무리수들이다.

우선 무리수라는 수가 어떻게 세상에 처음 나오게 되었는지부터 이야기를 시작하자. 무리수는, 유리수와는 다르게, 두 정수의 비, 즉 분수로 나타낼 수 없는 실수를 말한다. 이 수의 특징은 소수점 이하 숫자들이 순환하지 않는 무한소수라는 점이다.

수학의 역사에서 무리수의 발견에 관한 이야기는 널리 잘 알려져 있다. 기원전 500년경 그리스 수학자 피타고라스는 피타고라스 학교를 설립하여 수학과 철학을 가르쳤고, 그의 제자들은 피타고라스 학파라고 불리며 그의 업적을 계승 발전시켰다. 그들은 수를 만물의 근원으로 보았고, 1부터 10까지의 수를 신처럼 섬겼다. 그러나 그들이 믿고 있었던 수는 자연수와 자연수들의 비율, 즉 유리수에 한정되었다.

그런데 피타고라스의 제자 중에 히파소스라는 천재가 있었다. 그는 이탈리아 출신 수학자로 피타고라스의 정리를 이용하여 2 제곱근이라는 무리수를 처음 발견했다. 그런데 그는 피타고라스 학파 안에서 얻은 지식을 외부에는 철저히 비밀로 해야 한다는 규율을 어기고 이 사실을 외부에 알렸다. 이에 따라 히파소스는 피타고라스 학파의 엄격한 사상과 규율을 위반한 이단자로 가혹한 처벌을 받았다고 한다.

너는 피타고라스 왕국에서 태어났으나
치명적 예지력 탓에 이단자라고 쫓겨났다. 허나
미친 수들의 반란으로

– 「제곱근 2」 부분

정수나 유리수만이 수를 나타낼 수 있는 전부라고 생각했던 피타고라스 시대에서 새로운 수인 무리수를 받아들이는 데는 위와 같이 희생이 뒤따랐다. 그 후 2천 년이나 지나 새로운 무리수인 초월수가 천재 수학자들인 라이프니츠와 오일러를 통해서 밝혀졌는데, 이것은 인류가 본격적으로 문명의 꽃을 피우기 시작했다는 증표이다. 우리에게 잘 알려진 초월수로는 원주율이 있다.

수학 기호 π 로 나타내는 원주율은 한 원의 둘레와 지름의 비율을 말하며, 우주 어느 곳에서 재든지 그 값은 변함없이 3.14159로 시작하는 무리수이다. 기원전 250년경 고대 그리스 수학자 아르키메데스가 처음으로 이 값의 근사치를 수학적으로 계산한 이후, 여러 나라에서 더욱더 정확한 값들을 보고하기에 이르렀다. 17세기부터 원주율에 대한 공식들이 하나둘 출현하게 되는데, 이 중에는 무한급수와 연분수로 표현한 식들이 포함되어 있다.

원주율 공식과 관련해서 빼놓을 수 없는 천재 수학자가 있다. 인도의 수학자 라마누잔이다. 그는 1887년 인도에서 가난하게 태어나 장학금으로 대학을 다니다가 중퇴하고 수학을 독학했으며, 1914년 영국 케임브리지 대학교 하디 교수의 초청을 받고 그와 함께 수년 동안 연구하다가 33세의 나이에 요절한 것으로 알려져 있다. 그는 이 짧은 기간 동안 정수론에 대한 숱한 수학 공식과 정리를 증명 없이 노트에 남겼는데, 놀라운 점은 이 공식들이 여러 수학자들에 의해서 증명되었고, 아직도 연구할 부분이 많이 남아 있다는 것이다.

1910년경에 라마누잔이 발견한 원주율에 관한 공식은 가히 꽃보다 아름다운 수식이라고 말하지 않을 수 없다. 컴퓨터가 없던 시기에 끝없이 계속되는 소수점 이하 수들을 이 수식에 거의 모두 담고 있다니 놀라운 매직이 아닐 수 없다. 이 식은 1985년에 이르러서 수학자에 의해서 증명되었다.

젊은 나이에 요절한 천재 수학자 라마누잔은 번득이는 아이디어를 다 백지 위에 담지 못하고 밤마다 흥분했을 것이다. 우주에 가득한 수들을 헤느라고 잠을 이루지 못했을 것이다. 아래는 시의 일부이다.

한 초인이 신성처럼 나타나
그것들을 갈무리하여 마법의 화폭 속에 넣었더라

–「라마누잔의 별 헤는 밤」 부분

오래전부터 수학자나 예술가들은 우리가 시각적으로 느끼는 아름다움 속에는 무언가 특별한 비밀이 있다고 믿어 왔다. 바로 유클리드가 처음으로 언급한 황금비(golden ratio)이다. 그가 정의한 황금비는 이등분한 직선의 긴 선분과 짧은 선분의 길이의 비가 전체 직선과 긴 선분 길이의 비와 같을 때의 비율을 의미한다. 황금비의 비밀이 숨겨져 있다고 믿어 온 예술품으로는 레오나르도 다빈치의 모나리자나 그리스의 파르테논 신전이 그 예이다. 물론 이것은 인간의 시각적 능력의 한계와 아름다움에 대한 기준의 모호성으로 시대에 따라서 다소 흔들릴 수 있겠지만, 수학적으로는 완벽한 개념이기 때문에 '아름다움 속 황금비의 비밀'을 언제나 진지하고 아름답게 바라봐야 한다.

너는 우주에서 가장 아름다운 조각가
네모난 세상 안에서 만물을 바라보는 눈이 빛난다

–「황금비」 부분

7. 제3부 – 왜 '공학 수학'이 세상을 움직이는가?

세상에는 수많은 시스템들이 있다. 우리가 주변에서 흔히 접할 수 있는 시스템만 해도 전기적인 시스템, 기계적인 시스템, 생체 시스템 등 엄청나게 많다. 우리가 온종일 만지작거리는 스마트폰을 포함하여 모든 전자·전기 기기는 주로 전기적인 시스템으로 볼 수 있고, 교량이나 아파

트와 같은 건축물은 기계적인 시스템으로 볼 수 있다. 우리 뇌는 그 속에서 전기신호와 화학신호들이 쉴 새 없이 통신하고 있다는 점에서 전기·화학적인 시스템으로 취급할 수도 있다. 심지어 중심에 원자핵이 있고 주변에 전자가 있는 원자들로 구성된 물질들도 고전 역학적인 측면에서는 일종의 기계적인 시스템이라고 볼 수 있다.

시스템 하나하나가 어떻게 움직이고 있는지를 이해하려면 우리는 시스템을 우선 수식으로 간단히 모델화한 후에 그 식을 풀면 된다. 보통 전기적인 시스템 망에서 각각의 회로를 따라 흐르는 전류의 양은 연립 미분 방정식으로 풀어서 알 수 있고, 기계적인 시스템도 비슷한 방법으로 해석할 수 있다. 앞에서 세상의 모든 것들이 다양한 시스템들로 구성되어 있다고 심플하게 말하는 것은 이들 시스템을 수학적으로 간략화해서 우리 삶의 속성을 조금이라도 이해하기 위함이다.

연인들의 삶을 전기적인 시스템의 하나로 노래한 시가 「공진기 회로」이고, 기계적인 시스템으로 우리 삶을 노래한 시가 「진동자」이다.

경제·금융 시스템에서의 돈의 흐름도 미분 방정식과 전혀 무관하지 않다. 다만, 이 경우는 앞의 경우보다 훨씬 더 복잡한 비선형 방정식이라는 점이 다르다. 투자자들이 경기의 흐름에 맞춰서 성공적인 투자를 하려면, 세계 경제에서 시시각각으로 변하는 파라미터 값들과 함께 비선형 방정식을 투자자들이 빠르고 정확하게 읽는 것이다. 마치 어부들이 황금어장 지도를 정확히 읽고 최적의 위치에 그물을 던지는 것처럼 말이다.

어부들이 황금어장을 찾다가 조난 신호를 보낸다

저명한 경제학자들이 황금어장 지도를 그린다

–「황금어장 지도 – 블랙 숄스 방정식」 부분

코로나바이러스 감염증(코로나–19)가 세계로 확산한 지 벌써 2년이 지났다. 처음에는 코로나바이러스의 감염 확산 추세가 가파르게 증가했으나 정점을 지나 지금은 감소 추세이다. 바이러스나 곤충과 같은 생물의 개체수 변화를 예측할 때 사용하는 기본적인 모델로 로지스틱 방정식이 있다. 이 방정식은 벨기에 생물학자이며 수학자인 버헐스트가 인구 증가를 설명하기 위해서 처음 창안했다. 그 후 생태학자들은 로지스틱 방정식을 생태 변화를 예측하기 위한 수학적 기본 모델로 쓰고 있다.

코로나-19 대유행으로 요즘 다시 유명해진 로지스틱 방정식은 전염병학자들에게 수시로 호출되어 이리저리 불려 다니면서, 여전히 코로나바이러스 감염자를 예측하는 전문 보조원 역할을 열심히 하고 있다.

인간의 사랑과 탐욕, 절제와 무절제 사이에서 오락가락하는 바이러스들의 이야기를 시 「바이러스 - 아담의 후예들」에서 확인할 수 있다.

초여름, 백로 한 쌍 호수 위로 눈송이같이 내려
앉는 날

감염자 수와 인간의 탐욕 사이에서 서성이다가
어느 수학자의 시 한 편을 꺼내 읽는다

-「바이러스 - 아담의 후예들」 부분

8. 제4부 - 왜 수학·과학 이야기가 이제 시작인가?

자연을 아름답다고 느끼는 것은 신비함 때문일 것이다. 그것이 눈꽃이든지 은하 속 성단이든지 자연 속에는 수많은 수학과 과학이 들어 있다. 우리가 그것을 조금이

나마 이해할 때 우리는 즐겁고 흐뭇하다. 그러나 안타깝게도 우리가 이해하고 있는 자연 속 수학·과학의 분량은 극히 미미하다. 우리가 겨울철에 흔히 만나는 눈꽃조차도 그 속에 엄청난 수학·과학이 숨겨져 있으나 우리는 겉껍질 정도만 알고 있다. 그 껍질 속의 중심부로 들어갈수록 껍질 속의 비밀이 엄청나다는 것을 알고는, 때로는 저절로 고개가 숙여질 것이고 때로는 눈물이 날 것이다.

원자나 분자에서부터 우주의 은하까지, 모든 것들은 자연 속에 있다. 그 속에서 수많은 수식과 법칙들이 꿈틀거리고 있다. 우리가 현재 알고 있는 정수, 무리수, 초월수, 허수 외에도 아직 발견되지 않은 수들이 손을 흔들면서 새로운 수학의 세계로 어서 오라고 수학자들을 부르고 있다. 그뿐만 아니라 양자론, 전자기 이론과 일반 상대성이론 등을 하나로 통합시켜 만물의 이치를 명쾌히 설명해 줄 통일장 이론이, 애타게 젊은 천재 물리학자를 기다리고 있다.

사차원 공간을 넘나들 수 있기 위해서는 우선 새로운 차원의 수학이 체계화되어 있어야 한다. 그리고 이들 수학을 바탕으로 차원을 넘나들 수 있는 타임머신 같은 획기적인 과학 기술이 개발되어야 한다. 지금의 현실과는 너무 멀리 떨어져 있는 이야기지만, 상상 속에서라도 그러한 세계를 꿈꾸어 보자. 지금은 과학 시대, 이제 과학이 무르익고 수학의 중요성이 예전보다 더 드러나기 시작했다. 우리는 오래전에 달 여행을 상상하고 꿈꿔왔는데, 이미 그 꿈이 일부 실현되었다. 이제는 태양계를 지나 우주로 수數학 여행하는 꿈을 꾸어보자.

어둠 속에서 잠자고 있는 수학들, 수와 수식과 낯선 정리들이 우주 가득 꿈틀거리고 있다. 수학 이야기는 이제 시작이다. 수학은 철학과 과학의 밑거름이기도 하지만, 시의 자양분이고 원천으로 우리를 시 속으로 안내하여 타임머신을 타고 시공간을 누비게 해준다.

잠시 새로운 꿈의 방정식을 찾아서 상상의 세계로 여행을 떠나보자.

매미가 가을 입구에서 나에게 묻는다 어떤 방정식이냐고

어디선가 열차가 쑤욱 나타난다
날개를 단 생명체들이 벽을 통과하여 상하좌우에서 튀어나온다

– 「꿈의 방정식을 찾아서」 부분

우리가 슈뢰딩거 방정식을 이용해서 원자 속에 있는 구속 전자들의 움직임을 들여다보거나, 파동 방정식을 통해서 도파 공간에 있는 파동의 일거수일투족을 조사하다 보면, 전자나 파동이 선명한 패턴으로 떨고 있다는 것을 알 수 있다. 이것이 자연의 이치이며, 우리도 별반 다르지 않다. 자유로움은 자유로움 그 자체로 아름답고, 속박은 속박된 이유로 무늬가 선명하고 아름답다.

아날로그도 멋지고 디지털과 양자도 멋지다. 디지털 시대에는 아날로그가 그립고, 아날로그 시절에는 디지털이 로망이다. 억압의 환경에서는 자유를 염원하고 너무 자유로울 땐 구속이 그립다. 아래 시 속의 감옥에 잠깐 머물다 가자.

> 스스로 밀폐된 공간에 저를 가두었는가?
> 레코드판의 클래식이 그리워지는 양자의 계절이다
>
> –「제4의 감옥」 부분

지금까지 '과학시'의 특징과 '수학 시집'의 중요성에 대해서 살펴보았다. 그리고 시집 『라마누잔의 별 헤는 밤』에 실린 52편의 시편 중 10여 편의 시를 선택한 후, 그 시들을 중심으로 시집의 속살을 살짝 들여다보았다. 특히 이 시집이 '수학 시집'이라는 점 때문에 수학적인 배경에 중점을 두어서 몇몇 작품들을 살펴보았는데, 이것은 수학적 지식이 부족한 독자라 하더라도 작품을 이해하는 데 어려움이 없도록 하기 위함이다.

끝으로 시집을 읽을 때 수식이나 수학적인 개념을 무시하고 그냥 처음부터 끝까지 읽기를 권한다. 수학을 의식하고 시를 읽게 되면 그것이 걸림돌이 될 수 있다. 특별히 시를 깊이 공부하기를 원하거나, 수학시/과학시를 탐독하기를 원하는 독자들을 위해서 참고로 미주를 남겨 놓았다.

시와 함께 즐겁고 알찬 수數학 여행하기를 바란다.

■□ 미주

제1부 : 별처럼 빛나는 물리 수학

1) 아인슈타인의 중력 방정식,

$R_{\mu\nu} - \frac{1}{2}Rg_{\mu\nu} + \Lambda g_{\mu\nu} = \frac{8\pi G}{c^4}T_{\mu\nu}$. 여기서 $R_{\mu\nu}$ = 리치 텐서, R = 스칼라 곡률, $g_{\mu\nu}$ = 시공간 사이의 변환율을 나타내는 계량 텐서, Λ = 우주 상수, G = 중력 상수, $T_{\mu\nu}$ = 에너지-운동량 텐서, c = 광속이다.

2) 로렌츠의 힘, $F = qE + qV \times B$

3) 가우스 법칙 (Electric), $\nabla \cdot E = \rho/\epsilon$

4) 가우스 법칙 (Magnetic), $\nabla \cdot B = 0$

5) 패러데이 법칙, $\nabla \times E = -\frac{\partial B}{\partial t}$와 암페어 법칙,

$\nabla \times B = \mu\epsilon\frac{\partial E}{\partial t}$

6) $E = hf$, 아인슈타인의 광전 효과에 대한 식이다.

7) $p = h/\lambda$, 드브로이의 물질파에 대한 식이다.

8) $i\hbar\frac{\partial}{\partial t}\Psi=-\frac{\hbar^2}{2m}\nabla^2\Psi+V\Psi$, 슈뢰딩거 방정식이다.

9) 케플러의 제1법칙에서 행성의 타원 궤도를 나타내는 식은 $r=\frac{a(1-\epsilon^2)}{1+\epsilon\cos\theta}$ 이다. 여기서 r은 행성이 원일점과 근일점을 이은 선과 θ각을 이룰 때, 행성과 태양과의 거리이고, a는 주축의 반경이며 ϵ는 이심률이다. ϵ와 a는 행성의 전체 에너지와 각운동량에 따라서 결정된다. 지구와 핼리 혜성의 이심률은 각각 0.0167과 0.967이다.

10) 질량이 각각 M, m인 두 물체 간의 중력의 크기 F는 질량의 곱에 비례하고 거리 r의 제곱에 반비례하며, $F=G\frac{Mm}{r^2}$ 와 같다. 여기서 G=중력 상수이다.

11) 파동 방정식, $\nabla^2 u=\frac{1}{\nu^2}\frac{\partial^2 u}{\partial t^2}$ 으로부터 파동(함수) u에 대한 모든 것을 알 수 있다. ∇^2는 라플라스 연산자이고, ν는 파동의 속도이다.

12) 불확정성의 원리에 의하면 주어진 공간상에서 입자의 위치와 운동량을 어느 정확도 이상으로 동시에 측정할 수 없다. 측정 시 불확정도는 $\Delta x\,\Delta p_x \geq \hbar$ 와 같다. 여기서 Δx =위치 불확정도, Δp_x =운동량 불확정도이다.

13) 망델브로 방정식, $Z_{n+1} = Z_n^2 + c$

14) 10^{-21}그램이다. ‘zepto’는 10의 21승분의 1을 의미한다.

15) 10^{-24}그램이다. ‘yocto’는 10의 24승분의 1을 의미한다.

16) 아인슈타인의 질량-에너지 등가 원리는 $E = mc^2$ 로 나타낸다. 이에 따르면 질량 m이 변해서 에너지 E가 될 수 있고, 반대로 에너지가 질량으로 변환될 수 있다. 이때 비례상수는 광속 c의 제곱이다. 따라서 아주 적은 양의 우라늄 질량도 원자력 발전소에서 핵분열 반응을 통해서 매우 큰 열에너지로 변환된다. 우리 삶 속에서도 아주 작은 사랑의 덩어리가 연쇄 반응을 통해서 엄청난 사랑의 에너지로 변할 수 있다.

17) 푸앵카레 구 (Poincare sphere) 위의 한 점 한 점은 빛의 편광상태를 나타낸다.

18) 뉴턴의 제3법칙을 ‘작용과 반작용의 법칙’이라고 부른다. 물체 A가 물체 B에 힘(F_{AB})을 가하면, 물체 B는 물체 A에 크기는 같고 방향이 반대인 힘(F_{BA})이 가해진다는 것을 말하며, 아래 식으로 나타낼 수 있다. $F_{AB} = -F_{BA}$.

19) 흑체에서 방출되는 총복사량 P는 흑체의 절대 온도

T의 네제곱에 비례한다. 이것이 스테판-볼츠만 법칙이며, $P=\sigma T^4$로 나타낼 수 있다. 여기서 σ는 비례상수이고, 인간의 몸은 흑체와 유사하다.

제2부 : 꽃보다 아름다운 순수 수학

1) 인도의 천재 수학자 라마누잔이 1910년에 발표한 원주율에 대한 식이다. 이 식은 1985년에 증명되었다.

$$\pi=\frac{9801}{2\sqrt{2}\sum_{n=0}^{\infty}\frac{(4n)!}{(n!)^4}\frac{1103+26390n}{396^{4n}}}$$

2) $$\sqrt{2}=1+\cfrac{1}{2+\cfrac{1}{2+\cfrac{1}{2+\cfrac{1}{2+\cfrac{1}{2+\ddots}}}}}=1.414213562\cdots$$

3) $n\geq 3$일 때 $a^n+b^n\neq c^n$. 여기서 a,b,c,n은 양의 정수이다. 페르마가 남긴 마지막 정리이다.
위 식은 페르마가 1637년 낸 문제로 오랫동안 증명되지 않다가 1994년 와일스에 의해서 증명되었다.

4) 황금비 (Golden Ratio),

$$\Phi = 1 + \cfrac{1}{1 + \cfrac{1}{1 + \cfrac{1}{1 + \cfrac{1}{1 + \ddots}}}} = 1.6180339\cdots$$

5) 독일 수학자 뫼비우스가 1858년 최초로 발견한 단면 곡면이다. 뫼비우스 띠를 따라가다 보면 안팎이 뒤집히고 아래위도 바뀐다. 뫼비우스 띠는 두 매개변수 $u(0 \le u \le 2\pi)$ 와 $v(-1 \le v \le 1)$ 를 이용하여 아래와 같은 뫼비우스 방정식으로 나타낼 수 있다.

$x(u,v) = (1 + \frac{1}{2}v\cos\frac{v}{2})\cos u$, $y(u,v) = (1 + \frac{1}{2}v\cos\frac{v}{2})\sin u$, $z(u,v) = \frac{1}{2}v\sin\frac{v}{2}$

https://en.wikipedia.org/wiki/M%C3%B6bius_strip

6) $e^{\pi\sqrt{163}} = 262{,}537{,}412{,}640{,}768{,}743.99999999999925\ldots$

라마누잔은 인도의 천재 수학자로서, 정수에 매우 근접한 초월수인 라마누잔 상수를 100년 전에 발견했다. 초월수는 정수와 사칙연산 및 제곱근으로 나타낼 수 있는 대수학적인 수가 아닌 수를 말한다.

7) $(x^2 + y^2 - 1)^3 - x^2y^3 = 0$ 은 하트 곡선으로 알려진 6차 방정식이다. https://mathworld.wolfram.com/HeartCurve.html,

8) 수학자 오일러의 등식, $e^{i\pi} + 1 = 0$ 은 '세상에서 가장 아름다운 식'으로 알려져 있다.

9) 기상학자 로렌츠가 처음 발견하여, 혼돈계의 존재를 알려주었던 최초의 로렌츠 방정식은 다음과 같다,

$$\frac{dx}{dt} = 10(y-x),\ \frac{dy}{dt} = x(28-z)-y,\ \frac{dz}{dt} = xy-\beta z$$

10) 라이프니츠의 급수,

$$\frac{\pi}{4} = 1 - \frac{1}{3} + \frac{1}{5} - \frac{1}{7} + \frac{1}{9} - \frac{1}{11} \cdots$$

11) 위 미분 방정식의 해는 지수함수 $e^{\alpha t}$이며, 불안 y가 불안의 크기에 비례해서 증감하는 것을 의미한다. α가 양수이면 불안이 폭발적으로 증가한다.

12) 무한급수의 합, $\frac{1}{3} + (\frac{1}{3})^2 + (\frac{1}{3})^3 + (\frac{1}{3})^4 + \cdots = \frac{1}{2}$

제3부 : 세상을 움직이는 공학 수학

1) 블랙–숄츠 방정식, $\frac{\partial V}{\partial t} + \frac{(\sigma S)^2}{2}\frac{\partial^2 V}{\partial S^2} + rS\frac{\partial V}{\partial S} = rV$ 을 말하며, V= 파생 상품의 가격, S= 기초 자산의 가격, σ=변동성, r=무위험 이자율, t=시간이다. 시간에 따라서 파생 상품의 가격이 어떻게 되는지를 알려주며, 서구의 금융시스템에서 금융 모델로 삼고 있는 식이다.

2) 벨기에 통계학자 버헐스트가 발견한, 베르누이 방정식 중 하나인 로지스틱 방정식이다.

3) 두 개체군의 개체수(p_1, p_2)가 시간(t)이 지남에 따라서 생태계 균형점(ecological equilibrium point, e)을 중심으로 (t_1에서 t_2, t_3. t_4…으로) 회전한다.

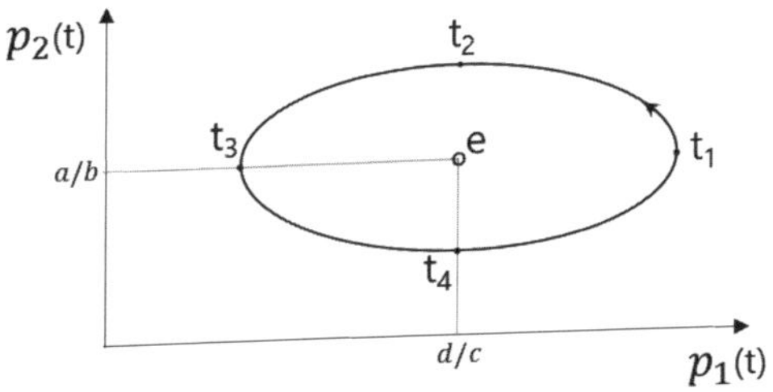

4) 피식자와 포식자의 개체수 변화를 미분 방정식으로 간단히 나타낼 수 있다. $p_1' = ap_1 - bp_1p_2$, $p_2' = cp_1p_2 - dp_2$, 이 식들이 로트카-볼테르 방정식이다. 위 식에서 $p_1' \equiv dp_1/dt =$ 피식자의 개체수 변화율, $p_2' \equiv dp_2/dt =$ 포식자의 개체수 변화율이며, 계수 a, b, c, d는 양수이다.

5) 사랑의 열기가 시간과 위치에 따라 어떻게 분산되는지 모델링한 방정식, 즉 열 방정식(heat equation), $\frac{\partial u}{\partial t} = \alpha \nabla^2 u$을 말한다. 여기서 $u(x,t)$는 사랑의 온도 분포, α는 사랑의 확산율이다.

6) 나비에-스톡스 방정식,

$\rho(\frac{\partial V}{\partial t}+V \cdot \nabla V)=-\nabla P+\mu\nabla^2 V+F$을 말한다.

이 식은 뉴턴의 제2법칙을 유체 역학에 맞게 변형한 비선형 방정식으로, 유체에 가해지는 압력 P, 체적력 F, 응력과 점성 계수 μ에 따라서 유체의 운동 속도 V가 정해진다. 기후 변화 예측, 항공기 설계, 애니메이션, 해류 및 혈류 등을 연구하는 데 사용된다. 이 식에 대한 해석적 해는 아직 '밀레니엄 난제'로 남아 있으나, 수치 해석적 근사치는 얻을 수 있다.

7) 원통형 좌표에서 파동 방정식은 베셀 방정식,

$x^2y''+xy'+(x^2-\nu^2)y=0$이며, 해는 J_ν와 Y_ν이다.

8) 전기 공진회로의 미분 방정식, $I''+\omega_0^2 I=0$에서 $I(t)$는 전류이고, $\omega_0=1/\sqrt{LC}$는 공진주파수이다. 여기서 L과 C는 각각 인덕터와 커패시터의 용량이다.

9) 단순 조화 진동자의 운동 방정식,

$my''+cy'+ky=r(t)$에서 $m=$무게, $c=$마찰계수, $k=$용수철 상수, $y(t)=$진동자의 궤적이며, $r(t)$는 외부에서 가하는 힘이다.

10) 렌즈의 초점 거리 f는 다음과 같다.

$\frac{1}{f}=(n-1)(\frac{1}{R_1}-\frac{1}{R_2})$, 여기서 n는 렌즈의 굴절률이다.

11) 인공 신경망에서 많이 사용되고 있는 활성화 함수에는 시그모이드 함수, $y(x) = \frac{1}{1+e^{-x}}$ 와 ReLU (Rectified Linear Unit) 함수가 있다.

제4부 : 세상 속 수학・과학 이야기

1) 수치 해석법의 일종 (bisection method)

2) 아날로그 영상신호 광 전송 시험이 1979년 남산에서 한국 최초로 이루어졌다.

3) 베타 붕괴를 할 때 중성미자가 방출한다. $n \rightarrow p^{+} + e^{-} + \bar{v}$

4) $T + R + A = 1$, 여기서 T = 투과율, R = 반사율, A = 흡수율이다. 입사하는 빛은 투과하거나 물체에서 반사 또는 흡수된다.

라마누잔의 별 헤는 밤

초판 1쇄 발행 | 2022년 7월 15일

지 은 이 | 이시경
펴 낸 이 | 이경식
표지디자인 | 이진아
펴 낸 곳 | 시와과학
등록번호 | 제2019-000019호
등록일자 | 2019년 2월 1일
주 소 | 경기도 용인시 수지구 상현로 30-10, 4813-503
전 화 | 010-4203-7113
전자우편 | poetrynscience@naver.com
카 페 | https://cafe.daum.net/poetrynscience
블 로 그 | https://blog.naver.com/poetrynscience

ISBN 979-11-979229-0-9 03810

값 10,000원

* 이 도서의 국립중앙도서관 출판도서목록은 서지정보유통지원시스템 홈페이지(http://seoji.nl.go.kr)와 국가자료공동목록시스템(http://www.nl.go.kr/kolisnet)에서 이용하실 수 있습니다.